ゴルフ時空間ツアー

スコットランド・イングランド・アメリカ・日本の草創期のコースと天才たち

大塚和徳
Kazunori Ohtsuka

CHOICE
選書

はじめに

イギリスのゴルフ史家のあいだでは〝ゴルフはソサエティのゲーム〟と呼ばれている。

人間の集団は〝ソサエティ〟とも、〝カンパニー〟とも〝クラブ〟ともいわれるが、ゴルフの歴史を学ぼうとすれば、ゲームの場所となるコースや、クラブやボールといった用具から入るのも十分に価値がある。本書では、これらを総括して、ゴルフ史上で重要な事象を歴史の順にとりあげ、それらを通してゴルフの進展を眺めてみた。

かつて、「ジ・オナラブル・カンパニー・オブ・エディンバラ・ゴルファーズ」のホームコースである「ミュアフィールド」で開催された全英オープンを観戦した際、倶楽部ロゴの付いたウィンド・ブレーカーを購入した。この時、ひとりのゴルファーがアドレスしたものがロゴとなっているのに気づき、これがどんな人物なのか大いに興味を持った。

この人物を知るための調査から、この倶楽部が1744年の設立で、スコットランド最古のゴルフ倶楽部であって、フリーメイソンによって造られたものであることを知らされた。同時に、18世紀の後半は新しいゴルフ倶楽部の設立が続き、同じひとつのコースに複数個の倶楽部が時間を区切って同居していたこともわかった。しかも、いずれの倶楽部も中心人物はフリーメイソンだった。

ゴルフの原型となる〝ゴルフェン〟（ホッケーに似た氷上のゲーム）はスコットランドのゴルフのように人気スポーツに成長しなかった。大きな理由はフリーメイソンの存在の有無といわれている。

その後、１８４８年に〝ガタパーチャボール〟が登場、ゴルフ人口が急増した。アイアンクラブの一般化、コース管理の必要性、ゴルフコースの逼迫で新規コースの建設が必要となり、アーティザン・ゴルファー（ボールやクラブ造り、ゴルフ技術のレッスン等で生計をたてていたプロゴルファー）は、ゴルフの後進地へ出稼ぎに出る機会が増えた。

オランダから原型を仕入れたゴルフはスコットランドで育ち、19世紀の終わり頃には、イングランドやアメリカでもブームが到来する。

本書は、このゴルフというゲームの主要舞台となったスコットランド、イングランドとアメリカを舞台として活躍したゴルファーやゴルフ関係者をとりあげ、それらを通してゴルフの発展の様子を眺めてみた。

他の三地域に比べれば、規模は小さいが、日本の実情も、先人の苦労を知るうえで、また外国と比較する意味で加えてある。

大塚和徳

〈もくじ〉

はじめに　2

第一章スコットランド編……7
最古のリンクス、マッセルバラの盛衰　8
なぜオナラブル・カンパニーは時代錯誤なのか　20
ハイランドで出会った夢のリンクス、クルードゥン・ベイ　30

第二章イングランド編……39
ロイヤルリバプール、天才少年の功績　40
ウイリー・パーク・ジュニアの傑作サニングデール　50
トライアンビレート（三巨頭）の時代　60
トライアンビレートと競った5人の個性派たち　70
インテリゴルファー、ホーレス・ハッチンソン　80
近代ゴルフ理論の父、ジョン・ロー　88

第三章アメリカ編……97
新大陸のプロ第1号、ウイリー・デービス　98

米ゴルフ史を彩る2人のアマチュアゴルファー 107
アメリカ経済の中心都市、ニューヨークのゴルフ 113
ペンシルベニア発、米コース設計の歴史 122
シカゴから見た全米オープン 131
全米オープンと草創期のアメリカゴルフ 140
ビッグ3時代、ネルソン、スニード、ホーガン 149
アメリカンコース設計の父、R・T・ジョーンズ 158
ベン・ホーガンからアーノルド・パーマーへ 167
球聖ボビー・ジョーンズの生涯 177

第四章日本編（戦前まで）…… 187

日本最古、神戸ゴルフ倶楽部の誕生 188
日本人による日本人初のゴルフ倶楽部、東京GC 198
外国人との融合で誕生したゴルフ倶楽部、鳴尾GC 208
日本人の手で創った「日本ゴルフ協会」 218
視野を広げた「新しいクラブ」の誕生 228
束の間の繁栄から奈落の底へ 238
ゴルフ年表～コース・競技・ルール・道具 248

装幀 スタジオパトリ

SCOTLAND

第一章 スコットランド編

スコットランド編　その1

最古のリンクス マッセルバラの盛衰

スコットランドにあってゴルフの黎明期から19世紀末にかけて、今も聖地と崇められるセントアンドリュースと並んで重要な、歴史的役割を果たしたコースがあった。

スコットランドの時空間の旅は、やはりエディンバラ近郊から始めるのが妥当であろう。15世紀の中頃、その原型がフランドル地方から北海を経由してスコットランドへ持ち込まれ、ゴルフが始められたが、その中心地域はスコットランドの首都が置かれたこの辺りであったからである。

リンクスのメッカでもあり、全英オープンでも有名なミュアフィールドのあるガランやノースベリックは、エディンバラから北東30マイルの位置にある。市の中心からその一角へ向かって車を走らせると20分ほどでマッセルバラの街を通過する。街の終わり辺りでイギリス特有のラウンド・アバウトと呼ばれる交差点に差しかかる。その左前方に、有名な「ミセス・フォアマン」と呼ばれるパブが現れる（惜しまれつつ、

2015年に閉店)。はっと胸を躍らせるとパブの左側に競馬場が広がり、緑の芝生と白い柵、そしてスタンドが目に入ってくる。この競馬場の中にある9ホールのゴルフコースこそ19世紀のゴルフ界で一世を風靡した「マッセルバラリンクス」である。

名誉ある、4つのクラブのホームコースだった

マッセルバラリンクスは、最古のコースといわれ、今はなきリースリンクスやセントアンドリュースのオールドコースと並んで古い歴史を持っている。

1457年、ジェームス2世★が発令した最初のゴルフ禁止令の頃から既にここでプレーされていたといわれる。1567年、メアリー・スコットランド女王★が、イングランド女王エリザベス1世との王位継承の争いに敗れて貴族連合軍の手に引き渡される直前まで、このリンクスでゴルフをしていたという記録もある。彼女はゴルフに大変熱心で史上初の女性ゴルファーでもあった。その子、ジェームス6世はエリザベス1世の後を継いで1603年よりイングランドの王も兼ねることになり、エディンバラからロンドンに移っていくが、彼がイングランドにゴルフを持ち込んだとされる。この王も1603年にここマッセルバラリンクスでプレーしたことになっている。

マッセルバラリンクスは最初7ホールのループ状のコースとしてスタートしたが、1832年に8ホールへ。1870年には9ホールへと拡大された。そして19世紀の半ばから終わりにかけてエディンバラの名誉ある4つのゴルフクラブすべてのホーム

コースとなり、当時のゴルフ界の中心的存在となっていた。

その4つのゴルフクラブとは、1744年設立の「ジェントルメン・ゴルファーズ・オブ・リース(現在のジ・オナラブル・カンパニー・オブ・エディンバラゴルファーズ)」、1770年の「ロイヤル・バージェス・ゴルフィングソサエティ・オブ・エディンバラ」、1761年の「ブランツフィールド・リンクス・ゴルフィング・ソサエティ」、そして1774年の「ロイヤル・マッセルバラ・ゴルフクラブ」である。

それらは互いに今もその歴史の古さを誇り、その伝統と地位を競い合っている。クラブの価値は、その設立の古さから評価される傾向があるが、これらのクラブはスコットランドで最も古い範疇に入るものばかりである。バージェスとブランツフィールドについては1735年説もある。この二つのクラブはしばしば同一行動をとっており、同じひとつのクラブから分かれたのではないかという推測もなされているが、はっきりとはしない。その根拠となる史料が現存していないためである。

1745年、ヨーロッパ大陸に亡命していたスコットランドのスチュアート王家の流れをくむ「ボニー・プリンス・チャーリー」を擁したジャコバイトがクーデターに失敗した後[*1]、ロンドンのハノーバー王朝による非情な粛清が続いた。オナラブル・カンパニーの産みの親、ダンカンフォーブス・オブ・カロードン(スコットランドの法律家で政治家)も初代キャプテンの、ジョン・ラトレイも共にジャコバイトを支持したと疑われ、一時ロンドンに幽閉された。そんななか、スコットランドのすべてのゴルフクラブが組織としてのクラブに政治的な疑いをかけられることを恐れて、過去の書類一切を意図的に消滅させてしまったのだ。そんなことから、どのクラブでも設立年次は、史料を基にして語られているよりもかなり旧いのではないかと推測される。

ロイヤル・マッセルバラは1774年の設立以来、マッセルバラリンクスをホームコースとして使用して来た。オナラブル・カンパニーは最初エディンバラの海岸にあったリースリンクスを拠点にしていた。5ホールで始まったこのコースは途中で7ホールとなったが、しょせん手狭で、その上、1815年に終結したナポレオン戦争[*2]の間に軍隊の駐屯地になって以後荒れ果ててしまった。同時に一般ゴルファーが増えて混雑がひどくなり、クラブ自体も財政の危機に陥り、再起をかけて1836年、このマッセルバラに移ってきたのだった。

ロイヤル・バージェスと、ブランツフィールドはエディンバラ内陸のヒースランドにあった旧ブランツフィールド・コースを使用していたが、コースも短く、時代遅れになったため、ホームコースをやはりこのマッセルバラへ切り換えた。そして、このコースでは各ゴルフクラブとも、クラブ競技には9ホールを2度回って18ホールで競うやり方を採用した。かくしてマッセルバラはその最盛期を迎えることになる。

*1　1745年のジャコバイト蜂起、四十五年の反乱。イギリス王位を取り戻すため、イギリス陸軍がオーストリア継承戦争（1740〜1748）の最中で大半がヨーロッパ大陸を転戦しているのに乗じて決起したが失敗に終わった

*2　フランス革命戦争後の混乱期に始まる。フランス軍を率い、一時期ヨーロッパの大半を征服。1812年のロシア遠征で敗退し、ワーテルローの戦いに敗れ、ナポレオン戦争は終結、ナポレオンはセントヘレナ島に流された

セントアンドリュース、リーダーシップを握る

フォース湾を挟んでその北側に位置するセントアンドリュースでも、1回目のゴルフ禁止令(1457年)が出された頃から海岸のリンクスでゴルフが行われていた。ここでもマッセルバラと同様、メアリー・スコットランド女王やジェームス6世がプレーしたという逸話が残っている。そして、オナラブル・カンパニー設立の10年後に「ソサエティ・オブ・セントアンドリュース・ゴルファーズ」が結成された。

コースの置かれた場所はリースやマッセルバラに比べて面積が広く、プレーするにはずっと良い環境にあった。当初は帯状の12ホールで、これを往復する方法でゲームが行われた。当時のゴルフでは各ホールの場所がティーとグリーンの両方の役目をしていたので、往復のプレーで22ホールであった。両端の2ホールを1回、中間の10ホールを2回プレーしていたからである。

クラブ設立の10年後、1回目の改造がなされ、距離の短かった最初の4ホールが2ホールに変更され、中間の8つのグリーンに2つのホールが切られた。その結果、全体で10ホール、往復で18ホールとなった。これが「18ホールの起源」*である。

その後、1848年に旧来のフェザリーボールに代わってガタパーチャボールが出現し、大量生産が可能になった。ゴルフボールは安価で耐久性のあるものとなり、鉄道の普及と相まってゴルフは大衆化していく。ボールの飛距離も伸びたため、セントアンドリュースでは2回目のコース改良を行った。このときフェアウェイ両端のブッ

シュを切り取り、両サイドを大きく広げ、グリーンの幅も合わせて拡大した。この改造の中で1番ホールのグリーンから17番ホールのグリーンが切り離され、かの有名な「ロードホール」が造られた。これが現在のオールドコースの姿である。

またゴルフクラブのほうも、1834年に時の国王ウイリアム4世より「ロイヤル」の称号が与えられ、名称も「ロイヤル・アンド・エンシェント・ゴルフクラブ・オブ・セント・アンドリュース」(R&A)となり、当時、財政の逼迫やホームコースの移転で混乱に陥っていたオナラブル・カンパニーに代わって、ゴルフ界の指導的立場に立つことになった。それがそれ以降のゴルフの歴史とマッセルバラの運命に大きな意味を持つことになったのである。

ゴルフ後進地から全英オープン誕生

スコットランドの西海岸は、大陸からの輸入文化であったゴルフからは地理的に離れた位置にあり、ゴルフにおいては後進地域であった。この地に1851年、セントアンドリュースのメンバー、ジェームス・フェアリーによって「プレストウィックゴルフクラブ」が誕生した。

彼はセントアンドリュースからオールド・トム・モリスを連れてきてコース設計をさせると共に専属のプロとし、理想のクラブとコースの実現に取り組み、いくつもの

＊ 寒風吹きすさぶリンクスで、体を温めるためにポケットに入れたスコッチを1ホール終えるごとに一口ずつ飲むと、ちょうど18ホールで空になるようにしたとする俗説も

新機軸を打ち出した。そのひとつが全英オープンの誕生である。

1860年の第1回から11回まではプレストウィックが主催者となりそのホームコースで行われた。初代チャンピオンはマッセルバラのウイリー・パーク・シニア、第2回はオールド・トム・モリスが制した。当時、この2人の技量は群を抜いていた。

3連勝したらチャンピオンベルトは取り切りという規則になっており、第9回から11回の3年間、オールド・トムの息子、ヤング・トムが3連勝してベルトを手に入れてしまったため翌年は中止となった。

その全英オープンが再開されたときからプレストウィック、セントアンドリュースおよびオナラブル・カンパニーの3つのクラブの持ち回りとなった。

オナラブル・カンパニーがホームコースとしていたマッセルバラリンクスも3年に1度その会場となり、1874年から1889年までにここで6回開催され、そのうちの4回をマッセルバラのプロが制している。マンゴ・パーク、バーブ・ファーガソン、デイビッド・ブラウン、ウイリー・パーク・ジュニアの4人である。彼らの肖像は、今もマッセルバラのコースの道を挟んだ向かい側にある質素なクラブハウスの外壁に、初代チャンピオンのウイリー・パーク・シニアと並んで彫り込まれている。

その後、オナラブル・カンパニーが独自のホームコースを造ってミュアフィールドに移った1892年から、全英オープンの会場はマッセルバラリンクスを離れることになったのである。

プロもギャラリーもライバル意識に燃えた

マッセルバラリンクスの内外には4つのクラブに結びついたゴルフクラブとゴルフボール造りの多くの職人が住み着いていた。クラブ造りでは、マッキューワン、バランタイン、そして名ゴルファーとして名を馳せたパーク・ダン、およびファーガソンなど、ボール造りでは、トーマス・スチュアート、グレシック、そしてリースから移ってきたゴアレイなどが有名である。

1840年頃に、彼ら職人の間からプロゴルファーという概念が生まれてくる。草分けはセントアンドリュースの★アラン・ロバートソンで、彼はフェザリーボールの職人であったが、ゴルフが上手く、その技量を使って新しい仕事を生み出した。メンバーへのレッスンと他のプロとの賞金を賭けたマッチである。★オールド・トム・モリスはそのアラン・ロバートソンの弟子にあたる。

マッセルバラでも双子の兄弟★ウイリー・ダンとジェミー・ダンに始まり、全英オープンの初代チャンピオンのウイリー・パーク・シニア、その弟のマンゴ・パークなどの有名プロを輩出した。19世紀後半の時代はスポンサーが付いていて、かなりの大金を賭けた彼らによるゴルフマッチが度々行われた。特にマッセルバラのプロ対セントアンドリュースのプロのマッチは観客を大いに熱狂させた。

会場にはマッセルバラ、セントアンドリュース、プレストウィック、ノースベリックが使われた。中でも1870年に行われたトム・モリスとウイリー・パーク・シニアの4回シリーズの最終戦となったマッセルバラの試合は、マッセルバラ所属のウィリーを応援する地元の観客が興奮して収拾がつかず、3番ホールを終了した所で試合中止となった。

トム・モリスは当時3番ホールのグリーン脇にあった(後に4番グリーン脇)「ミセス・フォアマン」のパブに入ったきり出てこなかったというエピソードが残っている。ちなみに、このリンクスでプレーするゴルファーたちは3番ホールのグリーンにやって来ると、グリーン上でミセス・フォアマンから飲食のサービスを受けることを楽しみにしていたという。

この他、マッセルバラリンクスの歴史で落とせない話がある。1811年に地元の漁師の妻たちによる史上初のレディース・トーナメントが行われたこと。1829年に今も基準となっている4と4分の1インチのホールカッターがこのコースで最初に使用されたことである。この「グランド・ダディ」と呼ばれるホールカッターは、ロイヤル・マッセルバラのメンバーであったロバート・ゲイによって1ポンドで造られたものであった。

しかし19世紀の終わりに近づく頃には、このマッセルバラも各クラブにとって手狭となってきた。4つのクラブのメンバーの増加に加え、コース自体が街の所有するパブリックコースであったため、混雑がひどくプレー時間も不自由になってきたのだ。

ゴルフクラブの発生動機は、元はといえばプレーする場所と時間の確保にあったのであるから、何か手を打たなければならない。しかも1880年代になると、セントアンドリュースにならって、18ホールが主流となり、その動きが時代の方向となった。そんなことから4つのゴルフクラブはそれぞれ独自の18ホールからなるホームコースを建設してマッセルバラから去っていったのである。かくして、マッセルバラリンクスはその時代的使命を終え、脱け殻としてとどまることになった。

この9ホールこそ現存する最古のコース

現在リースリンクスは姿を消し、旧ブランツフィールドは、パッティンググリーンとしてしか残っていない。それゆえ、エディンバラ近辺のゴルファーたちはセントアンドリュースへの強いライバル意識もあって、このマッセルバラリンクスこそ現存する世界最古のゴルフコースと信じて疑わない。

昨今、スコットランドの有名コースでは、夏のシーズンは特にアメリカ人ゴルファーであふれている。セントアンドリュースのオールドコース、ドナルド・ロスの故郷、ロイヤルドーノック、夢のリンクスといわれるクルードゥン・ベイ、西海岸の珠玉、ターンベリー、そしてその年の全英オープン会場となったリンクスは人気の的である。全英オープン開催コース中、最難関といわれるカーヌスティも大賑わいだ。

そんななか、19世紀に大きな歴史的役割を果たしたマッセルバラリンクスはひっそりと静かである。しかしまったく忘れ去られているわけではない。

ミーハー的ゴルファーの訪れこそないが、世界各地からその歴史に関心を持つインテリゴルファーが少人数でやってくる。彼らは蓄積された過去のエピソードの現場に触れ、その魅力を味わっている。前述したような華やかなコースには見られない心を魅かれる感動的な光景である。ここでは10歳から15歳くらいまでのジュニアゴルファーたちが約40ポンド*（約8000円）で手に入れた年間パスで大人に混じってゴルフの腕を磨いている。日本のジュニアにとってはなんとも羨ましい限りだ。

1999年にはマッセルバラリンクス所属で全英オープンチャンピオンとなった、かの5人のプロの末裔たちを招待して20世紀最後を飾る記念すべきトーナメントも行われた。これも歴史の重さとゴルファーの心に訴えるものを感じさせる。時代的使命を終えた後も地元ゴルファーの手で守られ続けてきたのだ。

かつて、ここへ訪れたとき、このマッセルバラの若いプロゴルファーから聞いた話に大変感動した。それは、ゴルフの歴史やコースの設計概念への関心が強く、また造詣も深いメジャータイトルホルダーのアメリカ人プロゴルファーの話である。

コースの隣にこの百年以上の間に海浜が隆起して広大なスペースができているが、彼の夢はここに私財を投じて18ホールのチャンピオンコースを建設し、ぜひもう一度マッセルバラに全英オープンを持ってきたいというものであった。ゴルフの歴史に関心を抱くひとりのゴルファーとして、筆者もこの夢の実現を心から期待している。

＊ コロナ禍で縮小した2020年シーズンは、2021年3月まで毎日使用可能なシーズンチケットがなんと、大人155￡、シニア98￡、ジュニア28￡

Willie Dunn,Allan Robertson,
Old Tom Morris

19世紀の半ばマッセルバラとセントアンドリュースのプロたちが名勝負を繰り広げた。アドレスしているのが双子の兄、ウィリー・ダン・シニア、その隣、クラブを振り上げ、カメラ目線が、アラン・ロバートソン、その右はオールド・トム・モリス

Mary Queen of Scots
メアリー・スコットランド女王。史上初の女性ゴルファー

King James IV of Scotland
ジェームズ4世の肖像画「ゴルフ禁止令（the ban on golf）」は、1457年にスコットランドの王・ジェームズ2世によって発令され、現存する最古のゴルフに関する記述として有名。ジェームズ4世にも継承されたが、自らがゴルフにはまり、1502年に禁止令を解除している。ゴルフの魅力には、王とて抗えなかったのである

「マッセルバラの夏の夕べ」（1859年・油絵）。当時のマッセルバラの賑わいぶりが描かれている

スコットランド編　その2

なぜオナラブル・カンパニーは時代錯誤なまでに尊大なのか？

伝統・格式を誇る名門クラブには今でも大なり小なり、閉鎖的、排他的な性格が残っている。

その真の理由を知るには、ゴルフというゲームの起源にまで遡り、その歴史的背景から探っていく必要がある。

閉鎖性、排他性、入会の厳しさ、メンバー間の特別な親近感、規則の遵守、そして過度なまでのスポーツマン精神の高揚、等々である。

近年、堅固と思われた伝統も時代的要請により、変化を余儀なくされている。歴史的な観点から考察を試みてみよう。

フランドルの人々が文化を運んできた

スコットランドで最も古い1744年設立のジ・オナラブル・カンパニー・オブ・エディンバラ・ゴルファーズ（ホームコースはミュアフィールド）は、ロゴに一人の赤いコートを着たゴルファーがボールに向かってアドレスした姿を使っている。この人物は誰であろうか。

このクラブでは発足から24年目にやっと専用のクラブハウスが建てられたが、その起工式で礎石に向かいフリーメイソンの儀式にならって3回槌を打った者こそ、この人物である。

通常ゴルフクラブの儀式では中心人物はキャプテンであるが、この時はそうではなく、スコットランドでフリーメイソンの最高の職位、グランド・マスター・メイソンの地位にあったウイリアム・セント・クレアー・オブ・ロスリンであった。

彼の祖先は1066年、ウイリアム征服王と共にヨーロッパ大陸からイングランドへ移ってきたといわれる。このことについてもう少し立ち入って、その実態を探ってみることにする。

1066年、ウイリアム征服王[*1]がヘイスティングから攻め込んでイングランドを制圧した。イギリスの歴史でいうノルマン・コンクエスト[*2]である。この時、フランドルの軍隊がこれを援護し、その勝利を確実なものとした。フランドルは中世にあって今のベルギーを中心にオランダの南部とフランスの北部を含む地域一帯を指す。勝利の報奨としてフランドルの軍人たちはロンドンより遥か北方の北海に注ぐ河川を通じて故国のフランドルとの交通が至便な地域に領地を与えられて、そこに定着した。

その後、1124年、イングランドの北西部カンブリアの支配者がデイビッド1世

＊1　イングランドを征服し、現在の英国王室の開祖となったウイリアム1世
＊2　ノルマン・コンクエストはイングランドの歴史の分水嶺となり、ゲルマン系の強い政治的・文化的影響から離れ、ラテン系のフランスの政治や文化が浸透していった

としてスコットランド王となり、北上するが、この時、彼らも王に同行してスコットランドに移住した。デイビッド1世の妃がフランドル系であったこともあるが、彼らは文化程度の低いと考えられていたノルマン人*の中で少数民族として過ごすことに不満を持っていた。なお、セントアンドリュースの司教へ現在のオールドコースの地を与えたのは、このデイビッド1世であった。

後進地のスコットランドでは、技術、為政、王室のしきたり、その他の面で進んでいたフランドル人は喜んで受け入れられ、やがて土着のケルト人との混血が進み、スコットランドの上流階級が形成された。この点、古代日本における大陸からの帰化人とよく似ているといえよう。

現在、典型的なスコットランド系として知られる苗字の中で、カメロン、ハミルトン、リンゼー、キャンベルなどを始め、前述の赤いコートの人物、セント・クレアー(シンクレアーと同じ)も含め、その多くがフランドル系といわれる。

そして、ゴルフの歴史上重要な点は、これら上流階層がゴルフ受け入れの役目を果たしたことである。

1552年、セントアンドリュースのリンクスを市民に開放してゴルフの場所を確保したハミルトン大司教もフランドル系であった。また世界最古といわれるゴルフコースの在ったリースもフランドル系の所有地で大陸との重要な貿易港だったが、その名前もフランドルが起源である。

フランドル、十字軍、フリーメイソンとゴルフとの深い歴史的関係

次に、ヨーロッパ中世の歴史でキリストの聖地奪回と異教徒撃退の目的で派遣された十字軍の遠征に目を向けてみる。その騎士修道団の一つにテンプル騎士団があるが、聖地にあるその兵士たちの墓石に刻まれた紋章と、スコットランド北西部にあるフリーメイソンの要人の墓石の紋章とが一致するという興味深い事実がある。

このテンプル騎士団は1119年の設立以来ローマ法王から与えられた特別な優遇措置により、時がたつにつれ、武力に加え強力な財力も併せ持つようになった。その結果、イングランド王やフランス王へ高利で資金を貸し付け、その財政を左右するほどとなり、フランスの一部に自分たちの独立国を建設するという噂まで立った。

恐れたフランス王フィリップ4世は彼らの幹部を処刑して財産を没収するとともに、1312年ローマ法王を動かして、テンプル騎士団解体の命を出させた。騎士団はヨーロッパの各地で支持層を失い、行き場に窮した。最後の拠り所となったのが、ローマ法王の影響力が及ばないスコットランドであった。

騎士団の多くがフランドル出身であったこと、当時のスコットランド王ロバート・ザ・ブルースの母親とそれを取り巻く貴族の多くがフランドルの家系であったことなどが理由である。そして、武装した修道僧の集団であったこのテンプル騎士団が母体となり、後年スコットランドで貴族の子弟たちによるスコッツ・ガードと呼ばれる軍

＊ ノルマン人はイングランド人と同様にゲルマン系民族なので、異民族というほどでもなく、ノルマン・コンクエストが比較的容易に進んだのは、双方が文化的に近かったことが一因といわれる

隊が造られ、さらにこれがフリーメイソンを誕生させることとなった。

フリーメイソンは、中世より続く石工のギルド組織で、教会、神殿、城砦の建設に携わった宗教色の強い神秘性を持った技術集団である。これをスコットランドのスチュアート王家が強力に庇護したとされている。しかし、より詳細に眺めればフリーメイソンは中世のヨーロッパにあって、当時各分野で先進的立場にあったフランドル人の伝統と文化を基礎としており、大型の石材建造はその代表的な先端技術であった。

このようなことからもフリーメイソンを丁重に保護したスチュアート王家の立場が十分に理解できる。なお、セント・クレアー一族は、1140年テンプル騎士団と縁の深いキルウィニング寺院の建立を任されたが、時代が下がった1424年には、スコットランドのフリーメイソンの要となるグランド・マスター・メイソンの地位を世襲的に与えられた。オナラブル・カンパニーのウイリアム・セント・クレアー・オブ・ロスリンはその子孫である。

クラブの立役者はフリーメイソン

フランドルで始まったゴルフの原型が、どのようにしてスコットランドへ持ち込まれたかについては諸説がある。一説はウイリアム征服王によるイングランド征服の時、フランドル人が持ち込んだもので、14世紀に造られたイングランド南部、グロスターの寺院の★ステンド・グラスに描かれたゴルファーとおぼしき人物像は、これらを証明するものとしている。そして、彼らがデイビッド1世について北上した時、スコットランドに持ち込んだとする。

他の説は大陸へ出かけたスコットランドの羊毛商人が持ちかえったものとし、また他の説はオランダの漁師が、ニシン漁で北海に出かけ、潮と天候を待つ間、スコットランドの陸地でプレーを楽しんだのをきっかけとしている。これらの説では、その時期は15世紀に入ってからとなる。

著名なゴルフ史研究家ロバート・ブラウニングは、1420年フランスへ援軍として派遣されたスコットランドの将軍が持ち帰ったとしている。ただ諸説に共通する点はスコットランドでの受け入れ側は王侯や貴族という上層階級であったことと、これらの多くが伝統的に類似のゲームに馴染んでいたフランドル系の末裔であったことである。

このようにフランドル、スコットランドの王侯貴族、フリーメイソン、そしてゴルフとの間には深い歴史的関係がある。最も古いゴルフクラブとされるロンドンのブラックヒースは、1608年にフリーメイソンが造ったものである。そのフリーメイソンも、元はといえばジェームス1世（スコットランドではジェームス6世）と共にエディンバラから移ってきた石工たちであり、彼らのゴルフの故郷はリースリンクスであった。

ゴルフクラブの設立とフリーメイソンの係わり合いについては、かなりの研究がなされている。ブラックヒースに始まり、18世紀半ばからエディンバラにできた4つのクラブ、ジェントルメン・ゴルファーズ・オブ・リース（現在のジ・オナラブル・カンパニー・オブ・エディンバラ・ゴルファーズ）、バージェス・ゴルフィング・ソサエティ、ブランツフィールド・リンクスゴルフィング・ソサエティ、マッセルバラ・ゴルフクラブ、そしてセントアンドリュースのソサエティ・オブ・セント・アンドリュース・ゴルファーズ（現在のR&A）はどれもフリーメイソンが設立の立役者であった。

しかも、これらのゴルフクラブでは設立当初はゴルフよりもプレー後の会食のほうが重要であった。この点でもブラックヒースと共通している。ただ、ブラックヒース設立当時のフリーメイソンはその原型であった本来の石工だけで構成されていた。

しかし、17世紀に入った頃から石工以外で社会的要職にある重要人物が厳しい入会審査をパスして会員となり始め、18世紀には逆に彼らが中心的存在となっていた。そして、両者を区別する意味で、本来の石工を技術的メイソン、石工ではない会員を思索的メイソンと呼び始めた。しかし、そうなっても、組織の性格は何ら変わることなく、閉鎖的、排他的、入会の厳格さ等々は同じであった。伝統的なゴルフクラブの持つ特殊な性格の起源はすべて、このフリーメイソンの性格に由来している。

秘密結社の伝統が生き残ったミュアフィールドと、それを真似たクラブ

18世紀の後半にイギリスで始まった産業革命は、19世紀に入るとその勢いを加速し、

ヴィクトリア王朝*の大躍進を生み出した。そんな背景のもと、1848年のガタパーチャボールの出現と鉄道の普及が重なり合ってゴルフは急速な勢いで普及した。そして1880年代はスコットランドを中心にゴルフクラブ設立ラッシュとなる。

この時代になるとクラブ結成の動機は純粋にゴルフのプレーとなり、もはや設立の発起人に必ずしもフリーメイソンが加わることはなかったが、これら新設クラブでは、その形式や規則を古い既存のクラブに真似たためフリーメイソンによって造られたゴルフクラブの特殊な性格はそのまま受け継がれる結果となった。その後にできたイングランドやアメリカのクラブにあっても同様である。この点は日本の古いクラブも例外ではない。

そして、その本尊ともいえるオナラブル・カンパニーでは、閉鎖的、排他的かつ尊大な態度を現在に至るも後生大事に維持し続けている。

入会審査の対象になるまで、最低15年かかり、ビジターのプレーはことごとく拒否され、★クラブハウスにさえ自由に入れてもらえない。ゴルフ界の一部では、この姿勢を崇拝する向きもあるが、大方は時代錯誤と見ているのも事実である。

約20年前、私がミュアフィールドを訪れる際、ロンドンからスコットランドへのゴルフ旅行の出発直前、イギリス人の友人から忠告を受けた。

「ミュアフィールドだけは避けるように。訪ねた誰もが不愉快な思いで帰って来る。

＊ ヴィクトリア女王が英国を統治していた1837年～1901年を指す。イギリス帝国の絶頂期とみなされている

そこ以外では大いに歓迎されますよ」と。

彼はR&Aの役員も経験した超ベテランゴルファーである。

旅行中、はからずも二人のオナラブル・カンパニーのメンバーと遭遇した。まず、ガランで会ったアーチー・ベアード氏である。彼は自分の所有するゴルフ博物館、ガランNo.1コースの有名な6番グリーン（バーナード・ダーウィンが世界一の絶景と記している）、ノースベリック15番ショートホールのレダン、そしてミュアフィールドのコースを親切に案内してくれた。博識の紳士で気さくな良い人であった。

次に、その年ウォーカーカップの会場になったリンクスコースのネアーンで、たまたまプレストウィックのメンバーおよびミュアフィールドのメンバーと三人でラウンドすることになった。両人とも友好的で、大変楽しいゴルフだった。

ロンドンに帰ってから、ある著名なゴルフ史研究家と昼食を共にした折り、ネアーンでの話をすると、

「プレストウィックのメンバーはいいとして、ミュアフィールドのメンバーは失礼な態度を取らなかったか」と心配してくれた。

メンバー個人はみな良い人のようだが、ゴルフクラブという組織になるとそうはいかないようである。

14世紀に造られたグロスター寺院のステンドグラスに描かれたゴルファーらしき人物像

ジ・オナラブル・カンパニー・オブ・エディンバラ・ゴルファーズを創設したフリーメイソン、その最高職位グランド・マスター・メイソンの地位にあったウイリアム・セント・クレアー・オブ・ロスリン

ミュアフィールドのクラブハウス内、排他的な性格から世界で最も敷居の高いクラブといわれる

Muirfield ミュアフィールド1891年開場。オールド・トム・モリス設計。もし幸運にもプレーできれば、会員たちに交じって、伝統的なクラブライフの一端を垣間見ることができる。しかしこの閉鎖的空間にも時代の変化が。2017年に女性会員の受け入れを決定し、2019年に実施、2022年にAIG全英女子オープンを開催予定

スコットランド編 その3

ハイランドの一角で『夢のリンクス』に出会った

黎明期の名プロゴルファー、オールド・トム・モリスは数々の有名リンクスを造った、コース設計の先覚者でもあった。その彼がハイランドの地に残した知る人ぞ知る名リンクス、クルードゥン・ベイを紹介しよう。

今から約20年前になるが、スコットランドへのゴルフ旅行では、定評のある名門コースだけではなく、一般には広く知られていないが、これぞ本当のリンクスといえる未体験のコースでプレーしたいと考えた。多くのリンクスが潜むスコットランドには、そんな「夢のリンクス」があるはずである。

旅は最北のドーノックからスタートした。まずドーノックで、かつてアメリカの富豪、カーネギーが所有した豪邸、スキーボー・カッスルに結び付けて、イギリスの名匠、ドナルド・スチールの設計で建設されたカーネギー・コースを訪れた。新設でもクラシックなリンクスコースで、ラフは一面に小豆色の美しい花を付けたヘザー、周りはたくさんのゴースの群れに囲まれていた。

プレー後、ここで、ゴルフディレクターを務めるデイビッド・トムソンとスコットランドの名コースについて意見を交わし、今回のゴルフ行脚で、「夢のリンクス」を訪ねたい旨を話した。彼は1999年、カーヌスティで行われた全英オープンの覇者ポール・ローリーの師匠でもあり、ローリーと同じアバディーンの出身である。

その彼から、数あるリンクスの中でもスコットランドが生んだ名設計家、トム・モリスの手になる「★クルードゥン・ベイ」こそ、私が探す「夢のリンクス」と教えられた。場所は彼の故郷に近く、デイビッドはそこで63のコースレコードを持っているという。彼はすぐに電話でティータイムを取ってくれた。このコースは全英オープンに使用されないため、知名度はまだ低かったが、専門家の間ではよく話題になっていた。

初期のプロたちの仕事はレッスンや競技だけではなかった

ここで、古いスコットランドのプロゴルファーとコース設計の関係、そして★トム・モリスについて触れておこう。

19世紀の半ば、スコットランドのリンクスに住み着いた、ボールやクラブ造りのゴルフ職人の間からプロゴルファーという新しい概念が生まれた。ゴルフの優れた技能を使ってレッスンや賞金の懸かったマッチで金を稼ぎ始めたのである。第1号はセントアンドリュースの★アラン・ロバートソンで、これに弟子のトム・モリス、マッセルバラのダン兄弟★、ウイリー・パーク★等が続いた。プロにとってもうひとつの新しい仕事はゴルフコースの設計であった。アラン・ロバートソンが1840年代の終わり頃、セントアンドリュースのオールドコースに手を加え、現在の姿を造った。これがゴルフコース設計の始まりである。全英開催コースでいちばんの難コースといわれる、カーヌスティの原型も造っている。ロバートソンの弟子に当たるトム・モリスはプロゴルファーとして全英オープンの優勝に加え、多くのマッチで名を馳せたが、同時にコース設計でも大活躍している。建設でほとんど土量を動かさない時代では、与えられたスペースにいかに上手に変化のある複数のホールをはめ込むかが腕の見せ所で、その点、トム・モリスは設計の達人であった。

　スコットランドには素晴らしいゴルフコースが多数ある。そのほぼすべてがリンクスと呼ばれる海岸の砂丘にあり、その原型はこれらプロゴルファーによって造られた。最も美しいリンクスでスコットランドの珠玉と讃えられるターンベリーのエイルサ・コース。長いゴルフの歴史の中で多くの設計家から、これぞ理想のコースと崇められてきたセントアンドリュースのオールドコース。ループ状の9ホール2つでコースを構成するミュアフィールド。2つのクリークが数ホールに絡んで最も難しいリンクスといわれるカーヌスティ。すべて全英オープンの会場に使用されている。

　地理的に辺鄙で全英オープンの会場にはなり得ないが、訪ねたゴルファーが皆、絶賛するドーノックとマクリハニッシュ。前者は北海を見渡すゴースに覆われた地に、後者は西南に延びたキンタイヤー半島南端の牧歌的な海岸にあるが、共にトム・モリスがその原型を造った。

さらに、アメリカ人が強く魅せられ、多くのホールを模倣したコースがスコットランドの西と東にある。一つはグラスゴーの南、全英オープン発祥のプレストウィック。もう一つはエディンバラの東、ノースベリックのウエスト・リンクスである。両コースとも特徴を持った名物ホールの連続で、さながらホールの展示場を歩いている感じがする。近代設計に肩入れする人たちは〝エキセントリック〟と表現するが、2つともゴルファーとして一度はプレーするに値するコースである。

リンクスの素晴らしさはコースごとの個性にあり、どれをとっても同じものはない。この点がアメリカのコースと違うところである。研究し尽くされた設計概念を基礎にすべてが理には叶っていても、造られたコースはどれも似通っており、リンクスの持つ個性豊かな生の感性がない。自然の持つ深さと人智の限界を示すものであろうか。

話をトム・モリスに戻そう。1848年、ゴルフボールに革命が起きた。250年にわたって使用されたフェザリーボールに代わってガタパーチャボールが現れた。価格が安く耐久性のあるこの新しいボールがゴルフの大衆化に貢献したことはよく知られている。モリスはいち早くその将来性を見越して、このボールを支持したが、これが親方のアラン・ロバートソンの逆鱗に触れ、仲違いとなった。フェザリーボール造りの職人、ロバートソンにとっては、この新ボールの出現は大問題であった。

ちょうどその時スコットランドの西海岸にプレストウィックをスタートさせようとしていたジェームス・フェアリーから誘いの話があり、モリスは渡りに船と、これを受けた。新天地での最初の仕事はもちろん新コースの設計であった。

モリスは、このコースをセントアンドリュースの原型にならって12ホールとしたが、単純に海岸線を往復する直線的なものではなく、複雑に絡んだルートを限られたスペースの中に巧みにはめ込み、しかも風の方角がホールによって変化するように工夫した。

この設計概念は画期的で、彼は、後年、オナラブル・カンパニーの新コース、ミュアフィールドの設計に当たって、同じ概念をより洗練された形で応用している。それは18ホールを9ホールずつの2つのループにし、アウトの9ホールは時計の針と同方向に外側を、インの9ホールは逆方向に内側を回るもので、風の方向がホールによって変化し、ゲームをはるかに興味深いものとした。

後に1926年、ハリー・コルトによって改造がなされ、この改造のほうが有名になってしまったが、基本となるルートプランの概念は改造においても崩されていない。

モリスは、プレストウィックの設計を手始めに、ほうぼうでコース設計を依頼された。その多くが、以後、時代の要求にマッチするよう、その時代の設計家によって改造されてきたが、改造後も随所に原型の素晴らしさをとどめ、現在も名コースとして存在している。19世紀第一の設計家は文句無しにトム・モリスであった。

ドラキュラの構想を生んだ妖美な絶景

クルードゥン・ベイの海岸は、丘の上から一望できる絶景だった。その歴史は1012年まで遡ることができる。ここはスコットランド王マルコム2世*が率いる土着のケルト人が北方から攻め込んで来た北欧系のディン人との最後の戦闘で勝利を収めた場所である。この時の戦いで1万人が戦死し、コース内を流れる小川は7日間に渡って血で赤く染められたといわれる。コースの北側に海に面してそびえ立つスレインズ城址は、中世よりこの地方の豪族ヘイ家の居城であった。

ヘイ一族の歴史は盛衰を辿った。まずは南のサクソンに忠誠を示し、1314年にはロバート・ザ・ブルースの下でイングランドのエドワード2世の軍を破って高位を与えられ、1745年の反乱では、ジャコバイトを支持し、その結果、城主のキルマーノック卿はロンドンで、ギロチンにより処刑された。この一族の歴史は典型的なハイランドの歴史でもある。時代が下がった1896年、近辺のキルマーノック・アームズ・ホテルを訪れたブライム・ストーカーがスレインズ城を取り巻く、このクルードゥン・ベイの持つ妖しく美しい不思議な雰囲気にヒントを得て、あの有名なドラキュラのストーリーの構想を練りあげたといわれている。

その後19世紀末、南のアバディーンより鉄道が敷かれ、ゴルフコース付きの高級リゾート・ホテルが造られた。西海岸、グラスゴーの南のターンベリーに対抗するもの

＊ 残忍な性格で、破壊王の名で呼ばれた。1005年、軍を起こしてケネス3世を破り、殺害し、王位を奪う

であった。１８９９年の営業開始以来、第一次大戦の後も繁栄は続いたが、１９２９年の金融恐慌に始まる経済不況の影響で鉄道もホテルも１９３２年には閉鎖に追い込まれた。第二次大戦中ホテルは軍に接収され、コースでは羊が飼われ荒れ果てた。戦後、すべてが解体業者の手に渡り、ホテルは取り壊された。そんななか、１９５３年アバディーンの証券ブローカーがコースを業者から買い取り、支援するゴルファーたちによってゴルフクラブが造られ、ゴルフコースは再建の軌道に乗った。新しいクラブハウスはかつて栄華を極めたホテルの位置にある。紺碧の北海を背景にしたゴルフコースの眺望は、趣は異なるがターンベリーに勝るとも劣らない。

息を飲む個性に満ちたホール群

現存するコースは１９２６年にトム・シンプソンによって改造されたもので、彼の最高傑作と評価されている。ちなみに、ターンベリーのエイルサ・コースはシンプソンの弟子、マッケンジー・ロスの作品である。ゴースの繁る斜面を左に見てスタートする1番、続く2番は解放感のあるドーノックの雰囲気。次の両サイドに雄大な砂丘が迫った3番はアイルランドの名コース、ラヒンチの趣。4番は、シンプソンの誇る谷越えのパー3ホール。5番から8番までは小高い丘の向こう側に海が迫り、潮騒を聞きながらのプレーとなる。6番パー5のグリーン手前を流れるクリークは１０１２年の戦いで血に染まった小川である。

10番は海を視野に入れた豪快な打ち下ろしで、ブライム・ストーカーのいう毎年8月の満月の夜、沖で難破した船乗りの亡霊が上がって来る海岸である。亡霊たちは17番左のセント・オレイブの泉で天国か地獄に行った各々の精と出会う習わしという。

13番は途中でクリークが横切りグリーンは前方を大きなマウンドで守られた長いパー5。14番は2打がブラインドの谷底に打って行く意表を突いたパー4。15番は両サイドに砂丘が迫った谷間の向こう200ヤードを越えるやや左寄りにグリーンのあるパー3。シンプソンは「針の穴に糸を通すようなホール」と表現しており「世界唯一のドッグレッグしたパー3」ともいわれている。17番のフェアウェイ中央にある巨大なマウンドはなんと、例の戦いでの1万人の死者が葬られた場所である。

そして最終ホールはドーノックの風情に戻った距離のあるパー4で、右にクリークが流れ、グリーンは右奥に下っている。シンプソンお気に入りのホールである。

プレーを終えたあと、クラブハウスから窓越しに美しいコースを見下ろし、変化に富んだ各ホールをしばし思い返した。同行したゴルファーではない妻も、こんな絶景は初めてと感嘆していた。さすがは達人トム・モリスの作品を叩き台に、鬼才の持ち主トム・シンプソンが粋を凝らして造り直しただけはある。

次回は1週間ここにとどまり、連日プレーしたいと思った。プレーで同伴したアメリカ人教授も来年も来ると誓っていた。クルードゥン・ベイは間違いなしに「夢のリンクス」であった。外していたら、名コース行脚も「画竜点睛」を欠いただろう。

1856年、セントアンドリュースに集まったスコットランドの黎明期のプロゴルファー。左からジェームス・ウイルソン、ウイリー・ダン、ボブ・アンドリュー、ウイリー・パーク、オールド・トム・モリス、アラン・ロバートソン、ダウ・アンダーソン、ボブ・カーク

Cruden Bay Golf Club

クルードゥン・ベイＧＣ　1899年開場。オールド・トム・モリス設計、1926年トム・シンプソン改造。数々の名リンクスの風情を彷彿とさせる個性的な名ホールが展示場のように続く「夢のリンクス」だ

ENGLAND

第二章 イングランド編

イングランド編　その1

ロイヤルリバプールが英国アマゴルフの発展に燃えた理由

英国のアマチュアゴルフの伝統を創り、育てた最大の功労者はロイヤルリバプールGCであるが、その発端は、本拠地ホイレークで育った一人の天才少年ゴルファーを世に出すことにあった。

昨今、プロトーナメントの賞金が高額なものとなり、テレビその他のメディアの普及ですべてがコマーシャライズされた結果、純粋なスポーツ精神を基本としたアマチュアゴルフは後退したかのように見える。しかし、R&Aにとって、全英アマチュアと隔年開催の英米対抗のウォーカーカップは全英オープンと並ぶ重要な大会であることに何ら変わりはない。その会場としてトップクラスのリンクスコースのみが使用されていることからも、そのことは十分に理解できる。また、アマチュアチャンピオンの名誉もウォーカーカップの代表に選ばれる光栄もまったく失われていない。

イングランド編のはじめは、英国のアマチュアゴルフの伝統に最も貢献したロ★イヤルリバプールゴルフクラブと、そこから育ったアマチュアの大選手、ジョン・ボール★を紹介することにしよう。

このロイヤルリバプールは1869年設立で、イングランドのリンクスコースとしては、ロイヤルノースデボンの1864年に次いで二番目に古い歴史を持っている。

当時のイギリスはヴィクトリア朝の大躍進中で、マンチェスターは綿紡績で栄え、イギリス産業革命の中心地であった。リバプールはその港として繁栄を共にし、両都市は1830年に世界最初の鉄道*で繋がれていた。

ロイヤルリバプールが設立される前のホイレークは、リバプールからマーシー河を南に渡ったところにある小さな漁村でロイヤルホテルがひとつ建っているだけであった。この一帯はスタンレー伯の所有地で、ホテルの所有者で支配人を兼ねるボール一家が管理を任されていた。

ある日、このホテルのそばの砂丘地にホテルの支配人から許可をもらった数人の男性が現れ、土地の検分を行った。セントアンドリュースからやって来たロバート・チェンバースと彼がパトロンになっているオールド・トム・モリスの兄ジョージ・モリス、そしてチェンバースの娘婿でリバプールの実業家ジェームス・ダウイーである。

彼らは近くリバプールから鉄道が引かれるこの地にゴルフコースを造ることを考えていた。近辺では以前マンチェスターゴルフクラブが造られたが、土の上の内陸のコ

＊ リバプール・アンド・マンチェスター鉄道 約50キロを蒸気機関車が走り、時刻表を用いて定期運行する世界初の営利事業。季節や天候に左右されず、大量、迅速かつ確実に輸送できるまさに交通革命であった

ースでは排水が悪く、冬季は泥濘《でいねい》（ぬかるみ）となり、プレーが不愉快で人気が出ず、ついにクラブは育たなかったが、ここは砂地のリンクスである。地形も土質も良好で、用地もスタンレー伯からの借地が成立し、ゴルフクラブ設立のプロジェクトはスタートを切った。

コースはロバート・チェンバースとジョージ・モリスの共同設計で、まず9ホールが造られ、すぐに18ホールへ拡大された。

活況を呈する経済を反映して100人を越えるメンバーが難なく集まった。一部はチェンバースとジョージ・モリスに関係するスコットランド人と既に発足していた南のロイヤルノースデボンのメンバーであったが、その他のほとんどがリバプール在住で金銭的な余裕を持ったゴルフ未経験のビジネスマンたちであった。初代キャプテンはジェームス・ダウイー、専属プロは、ジョージの息子のジョン・モリス（つまり、オールド・トム・モリスの甥）があたり、クラブハウスの役目はロイヤルホテルが果たすことにしてリバプールゴルフクラブは船出した。

発足後、何回か、高額の賞金を出して一流プロをスコットランドやイングランドのブラックヒース、ノースデボンから招待してトーナメントを開催した。第1回は18人のプロが参加し、ヤング・トム・モリスが優勝した。このトーナメントの成功が評判となり、クラブの名声は急速に高まり、メンバー数も増大した。また入会金と年会費が比較的低額だったこともあり、他の既存クラブの有力メンバーも多数入会した。彼らはタイトル目当てで春と秋のクラブ競技に参加するのを楽しみにしていた。

ロイヤルリバプールで忘れてならないのが、1885年の「全英アマ」発足である。実は、全国レベルのアマチュアの個人大会は、1858年にセントアンドリュースでマッチプレーの形式で行われたことが一度だけあったが、以後、すっかり途絶えていた。

これはプレストウィックゴルフクラブを造った、ジェームス・フェアリーによって企画された大会だった。彼はその前年の1857年にもクラブ対抗戦をフォーボール形式でやはりセントアンドリュースで催しているが、この大会はロンドンのブラックヒースが優勝している。さらにトーナメントの形態を発展させたジェームスは、最終的には1860年にプレストウィックを舞台として全英オープンをスタートさせた。

結局アマチュアの個人大会は1回行われたのみで、この大会は「幻の全英アマチュア」といわれてきたが、その幻の全英アマチャンピオンが、ロイヤルリバプールの設計者、ロバート・チェンバースである。

そういう土壌から育ったのが、ジョン・ボールだった。

リバプールゴルフクラブのクラブハウスとなったロイヤルホテル所有者を父とするジョン・ボールは、幼少の頃からゴルフに親しみ、素晴らしい才能を発揮した。彼は子どもながらヤング・トム・モリスのプレーをホイレークで観戦し、これを自分のスウィングの参考にしたという。そしてジュニアタイトルを総なめにし、クラブ内に敵なしという状態にまでなった。リバプールのメンバーたちは、この天才少年を自分たちのクラブ代表として、なんとかイギリス第一のアマチュアゴルファーに育てたいと念願していた。

16歳の天才少年が全英オープンのベストアマになった

ジョン・ボールの全国デビューは16歳の時であった。1878年プレストウィックの全英オープン出場のため、クラブプロのジョン・モリスと船、馬車、そして3回汽車を乗り継ぐ長時間の旅のあと、やっとの思いでスコットランドの西海岸まで辿り着いた。5人のオープンチャンピオンを含む26人の参加者のうち、アマチュアは5人であった。この大会で彼はノースベリックから来たベン・セイヤーとペアを組んでラウンドしている。

ジョン・ボールはベストアマ（当時は「リーディングアマ」と呼ばれた）となり、全体でも5位に入り、その優れた技能は大いに注目された。

全英アマチュアは、彼をチャンピオンにするために創設されたといっても過言ではないかもしれない。

実は1883年頃からイングランドのゴルフ界で全英アマチュアを発足させる動きが現れてきた。いくつかの案があったが、ひとつはセントアンドリュース、ロイヤルリバプール、ノースデボンの三つのリンクスを持ち回りしてストロークプレーで行うものであった。

ロイヤルリバプールの発足当時、この三つのクラブのメンバーを兼ねる優秀なプレーヤーが多数いた。彼らは春と秋の定期クラブ競技の常連参加者で、毎年春は南のノースデボンからリバプール、セントアンドリュースの順で北上し、秋はこの逆に北から南へと移動していた。そのため、この案は当時の実態を前提とした現実的な案だった。

もうひとつは、セントアンドリュースとセントジョージズでスコットランドとイングランドの対抗戦を行うという案であった。この時点では、まだロイヤルセントジョージズは発足していなかったが、構想はあったものと考えられる。さらにもうひとつは、特定のクラブ主催で、そのホームコースを使い、マッチプレーで行うものであった。

リバプールの理事会はこの三案の中の三番目の案を支持し、第1回大会を自分たちのコースで行うことを決定した。ジョン・ボールをナショナルチャンピオンにするためには、それが最良の方法だったからである。クラブには富裕なメンバーが多く、必要な資金集めにはなんら問題はなかった。

1885年の第1回大会では、ジョン・ボールは残念ながら、準決勝でノースデボンのホーレス・ハッチンソンに破れ、クラブの夢は叶わなかった。記念すべき初代チャンピオンの栄誉に輝いたのはスコットランド人のアラン・マックフィだった。しかし、この大会を嚆矢《こうし》として全英アマチュアは以降、五つのクラブの持ち回りで続けられることになるのである。

全英オープンを制したアマチュアを2人も生み出した

1890年、ジョン・ボールはクラブの期待に応え、全英オープンをプレストウィックで、全英アマチュアをロイヤルリバプールで制覇した。当時としては、ゴルフ後進地のイングランド人がスコットランドの地でスコットランドのプロを含む全英オープンの覇者となったことは大変な成果であった。さらにこれにクラブが待ち望んでいたホームコースでの全英アマチュアタイトルが加わったのである。クラブは大騒ぎになり、特別のセレモニーが用意され、ジョン・ボールは終身名誉会員に推挙され、彼の肖像画がハウス内の壁に飾られることになった

その後、彼は1912年に、50歳で8回目の全英アマチュアを取っている。この偉業は、彼がなんと35年間の長きにわたってトップアマの力を持ち続けたことを証明している。史上最高のゴルファーは、ヤング・トムともボビー・ジョーンズともいわれているが、彼はこの両人を目の前で眺め、ジョーンズとは実際のトーナメントで戦っている。そのゴルファーとしての生命の長さには感服するしかない。

★ジョン・ボールに続いて、このクラブからハロルド・ヒルトンという全英オープンを2度制したアマチュアが現れた。アマチュアによる全英オープン制覇はこのリバプ

ールの二人のメンバー以外では、アメリカのボビー・ジョーンズのみである。ロイヤルリバプールとそのアマチュアリズムに燦然と輝く偉大な勲章といえよう。

ロイヤルリバプールはまた、1894年のロイヤルセントジョージズに次いで、1897年にイングランドで二番目に古く全英オープンを開催したクラブでもある。この時のチャンピオンがクラブメンバーのハロルド・ヒルトンで、彼にとっては1892年のミュアフィールドでの大会に次ぐ2回目の制覇であった。なお全英オープンは2014年までにここで通算12回行われている。

1930年、ボビー・ジョーンズはアマチュアとしてのグランドスラムを達成した。この年の会場は、全英アマがセントアンドリュース、全英オープンがこのロイヤルリバプール、全米オープンがミネソタ州のインターラーケン、全米アマがペンシルベニア州のメリオンだった。この4クラブでは現在もこの歴史的な成果を記念して交流を維持し、定期的に4クラブによるゴルフ対抗戦と友好パーティを続けている。

私のイギリス旅行の際、クラブメンバーである友人の尽力で、このロイヤルリバプールゴルフクラブのホイレークの愛称を持つコースをラウンドする機会を得た。

意外にも、多くの高級住宅地の立ち並ぶなかにあって、通りから入り口を探すのが難しく、目的の建物はゴルフのクラブハウスというより大きな駐車場付きの研究所といった感じであった。ハウスの裏側はテラスの前が練習用のグリーンで、その向こうは周りを家々に囲まれた平坦で広大な野原といった風景で、一見どこにゴルフコースがあるのか不審に思うほどだった。

　しかし、コースはクラブハウスの見かけとは大いに異なり、適度の起伏と多様な変化に富み、現在でも十分に全英オープンの会場になりうるものだった。連日5万人を超えるギャラリーを収容する駐車場や多数のテント用のスペースがないため、その会場から長い間外れていたが、コースランキングやクラブのステイタスからして、イギリスの誇る一級のゴルフクラブ、ゴルフコースであることに変わりはない（39年ぶりとなる2006年には当時よりも全長を236ヤード伸ばして復帰。2014年にも開催、さらには2023年にも開催が決定している）。

　ヴィクトリア調のクラブハウスのなかは、長い輝かしい歴史を物語る数々のカップ、トロフィー、シール、写真で埋もれていたが、階段のそばに掛けられたジョン・ボールとハロルド・ヒルトンの肖像画がひときわ輝いていた。

Harold Hilton
ハロルド・ヒルトン
(1869－1942)
ジョン・ボールと同じロイヤルリバプール出身。1892、97年と全英OPを2度制覇。これ以降のアマ優勝者はボビー・ジョーンズまでいない。全英アマ４勝、全米アマ1勝の大記録

John Ball
ジョン・ボール
(1861－1940)
わずか16歳で初出場した全英OPで5位。1890年にはスコットランド人以外で、かつアマとして初の全英OP優勝、さらに全英アマにも勝ち、2大メジャーを制覇。50歳を過ぎてからも全英アマに優勝し、通算8勝

Royal Liverpool Golf Club(Hoylake)
ロイヤルリバプールGC 1869年設立。ロバート・チェンバース、ジョージ・モリス設計。イングランドのコースとしては2番目に古い

イングランド編　その2

知られざるゴルフ界の巨人
ウイリー・パーク・ジュニア

技術、クラブ・ボール製作、ゴルフコースの造成・管理・設計、深い示唆に富んだ著作……と、なかでも職人的なコース造りから、近代的な設計概念のコースへの移行の橋渡し役を担った功績の大きさはどんなに強調してもしすぎることはない。ウイリー・パーク・ジュニアは巨人と呼ぶにふさわしい業績を残した。

「1885年から1900年の期間、ゴルフコースの建設は間違った方向に動いていたが、次の10年間で正しい方向へ修正された」と、トム・シンプソンは述べている。シンプソンは良家に生まれたケンブリッジ出身の弁護士で、ロンドンのウォーキングGCのメンバーでもあった。そのコースの4番ホールフェアウェイに造られた2つのバンカーの戦略的な意味に感動し、弁護士からコース設計家に転身した人物で　大変な理論家であった。

さらに彼は「軌道修正に貢献したのは、コースではサニングデール★、ウォールトンヒース、ワープルスドン、クームヒル、スウィンリーフォーレスト、設計家では、これらの建設に関わったハリー・コルト、ハーバード・ファウラー、J・F・アバークロンビーであり、彼らはその後もコース設計界の旗手として時代の方向を正しく示し、イギリスのコース建設の道を誤らせなかった」と評価している。

この意見は全体の趨勢《すうせい》については正しいが、一つの偏見をはらんでいる。ウィリー★・パーク・ジュニアを正当に評価していないのだ。スコットランドのプロ職人から始まったコース造りが近代的な設計概念に辿りつく過程で、ウイリー・パーク・ジュニアが果たした役割はどんなに強調してもしすぎることはないのである。

英国インテリ層とは別世界にいたため過小評価されてしまった

ウイリー・パークはサニングデールの設計・建設のすべてを担った。ワープルスドンとクームヒルでは、アバークロンビーを助け、特にアバークロンビーの処女作であるワープルスドンのコースは、パークなしでは出来上がらなかったといってよい。1905年の時点では、パークは既にシンプソンがいう近代設計の概念で実際にコースを造った実績を持っており、ここで名前をあげた設計家たちはまさにその緒についたばかりだった。

このようなパークに対する偏見や過少評価がまかりとおっているのは、シンプソンを含めた彼らはイングランドの良家の出身で高い教育も受けており、その彼らにとって、スコットランドのプロゴルファー上がりのパークはまったく別世界の人物だったからだと思われる。

パークは1864年、★ウイリー・パーク・シニアの次男として生まれた。父はセントアンドリュースに対抗するマッセルバラのプロで数々のゴルフマッチで名を馳せ、全英オープンの初代チャンピオンでもあった。パーク・ジュニアは幼少の頃から、このマッセルバラで兄よりゴルフの手ほどきを受け、みるみる上達した。

やや時代が遡るが、マッセルバラにはパーク・シニアより古く双子のダン兄弟がいた。兄のウイリー・ダンはプロ第1号のアラン・ロバートソンの強敵で、弟のジェイミー・ダンと組んだフォーサムのマッチプレーの強さで名を轟かせていた。ウイリー・ダンはその後ロンドンに移り、自分はロイヤルブラックヒースで、長男のトムはロイヤルウィンブルドンでプロとなった。このトム・ダンはイングランドで主に内陸コースの設計で活躍した。

冒頭に紹介したトム・シンプソンの設計批判の的は、このトム・ダンの設計思想だったのである。シンプソンたちのリンクス至上主義に対し、彼は内陸コースを評価していた。建設・運営の面でもリンクスよりも内陸コースが有利と考えており、リンクスがコストを引き上げる要因として兎の巣穴対策とバンカーの縁に使われるリベティット方式をあげた。海からの強風に吹き飛ばされないように芝を煉瓦状に積み上げる工法である。またトム・ダンは罰打型の設計思想の持ち主で、クロスバンカーを好み、パー5ではこれを二度も使う念の入れようを見せた。シンプソンが育ったウォーキングGCもトム・ダンの設計で、これを不満としたスチュワート・ペイトンとジョン・ローが改造を繰り返し、そのなかから戦略型設計の思想が生まれたのである。

クラブ、ボール造りとコース造成の合間に全英オープンに臨んだ

さて、ウイリー・パーク・ジュニアのゴルフの腕は順調に上がり、特にグリーン周りの寄せとパットではスコットランドで右に出る者がいないほどになった。彼はゴルフのすべてはグリーン上のパッティングで決まるという思想を持っており、12時間パットの練習を続けたこともある。あまり知られていないが、彼はグースネックパターを考案して、その特許を取ったほどである。同時にクラブ、ボール造り、コース管理といったプロとして必要な技術も身につけた。

最初に出場した全英オープンは1880年のマッセルバラ大会で16歳のときであった。そのときは15位に終わったが翌年には飛躍的に上がり、5位となった。以後連続出場を続け、1887年のプレストウィックでこのコース所属のウイリー・キャンベルを接戦で破り、初優勝した。リードしていたキャンベルが最終日パー4の16番でグリーン手前のバンカーに入れ、9を叩いて脱落し、以来このバンカーが「キャンベルの墓場」と呼ばれるようになった歴史的試合だった。この時パークは23歳の若さであ

った。

この頃、スコットランドは大変なゴルフブームでクラブ製作の注文が殺到し、パークは直前の1カ月の詰めた練習以外、約8カ月というものゴルフをしなかった。そして大会終了後もその日の内にマッセルバラのショップに戻ってすぐクラブ造りを始めている。翌日、常連のゴルフ客が何事もなかったかのような態度で仕事に励むパークを見て驚いたという。

その2年後、パークはホームコースのマッセルバラで全英オープン2勝目を挙げた。今度は36ホールのプレーオフでセントアンドリュースのプロ、アンドリュー・カーカルディを破っての勝利だった。

パークはチャレンジマッチと呼ばれる賞金を賭けたマッチプレーでは勝ち運に恵まれなかった。それは父のウイリー・パーク・シニア以来の伝統である。「世界へ挑戦」の精神で、そのときの最強ゴルファーに挑戦を試みた結果でもあった。だが17歳のとき、父と組んでオールド・トムとその次男のジョフ・モリスに勝ち、オープン制覇以後は、隣のノースベリックのベン・セイヤーを倒すなどの戦果も挙げた。

特筆すべきマッチは1899年のハリー・バードンとの歴史に残る一戦だろう。このとき、バードンがマッセルバラを嫌ったため、会場はノースベリックと、バードンのホームコースのギャントンが選ばれた。ゲームはノースベリックから始まったが、パークは6ダウンとふるわなかった。ギャントンではロングヒッターのバードンに有利になるよう、なんと後ろに下げた新しいティーが造られていた。結局ゲームはバードンの一方的な勝利に終わった。パークにはコース設計が多忙でクラブを握る時間がなかったのが不振の原因と評された。しかし、実際はバードンに代表されるトッププロたちの技術は、過去のスコットランドのプロのレベルを超えていたのである。既に芽生え始めていた近代ゴルフの片鱗を示す飛距離の差を埋めるには、パークのグリーン周りとパットの技術だけでは不可能だったのが実情だった。

戦略型デザイン思想が台頭する以前からそれを実践していたパーク

1896年、ウイリー・パークはゴルフの著書『The Game of Golf』を出している。これはプロゴルファーが書いた本としては最初の本である。当時のスコットランドではは16歳で学校を終えるのが常識だった。しかし、この本は表現も内容も旧来のプロゴルファーが書いたものとは考えられないほど立派なものだった。ゴルフ全般を論じており、彼の経験の広さ、観察のこまやかさ、思慮の深さが読み取れる。そのなかからコース設計に関する部分を紹介しよう。

(1) 土質はリンクスのような砂地が良いが、排水の良い牧場跡地でも大丈夫である。
(2) 18ホールが望ましいが、スペースに限界があれば9ホールか6ホールとする。その場合は2度ないし3度、回って1ラウンドとする。
(3) 最初にクラブハウスの位置、次に1番ティーと最終グリーンの位置が決定されある。理想的な地形は9ホールで出ていき、次の9ホールで戻って来るものである。

(4) コースの姿は与えられた地形によって決まる。自然の地形を尊重すること。

(5) クロスするホールは危険であるから避けること。

(6) 最初の2~3ホールは距離があって易しいものとし、手ごわいホールは後に残す。

(7) 18ホールの中で最低2ホールはパー3、最低1ホールはパー5とする。残りのパー4は距離の異なるホールの組み合わせで変化を持たせる。全体の距離については理想的な長さは決められない。地質などによるボールの転がり具合、地形による上り下り、その他の要素、例えば通常の風の方向などで条件が変わってくる。

(8) メンバーの技量を考慮し、初心者が多ければ易しい設計にし、技量の向上、ボールの飛距離に合わせ、距離の拡張とハザードの追加を可能としておく。

(9) ティーは前方のハザードが打球の邪魔にならないくらい後ろに下げる。芝の傷みを避けるためと、距離の伸縮でホールの性格を変えうるよう十分な面積を持たせる。

(10) グリーンの場所は窪みでも、平地でも高台でも良い。ただ十分なスペースが必要で、極端な高低差は避けるがアンジュレーションを十分に付ける。グリーンの傷み回避とホールの多様性を可能とするため、ピンの位置が移動できること。

(11) 芝はその土地に合ったもので、スムーズに、ボールが転がるグリーンが造れるもの。

(12) ハザードはバンカー、樹木、ヘッヂ、ブッシュ、クリークなど諸々を含むが、これらはミスショットを捕らえるもので、良いショットで避けられる位置に置くこと。バンカーはボールが飛び越えたり、飛び出したりしないくらいの大きさと深さが必要。ただ1回で出せるよう丸い形状が良い。ハザードはプレーの位置から見えること。

(13) ブラインドホールは避ける。アプローチではグリーンが見えること。ティーショットは方向を指示するサインがあれば良いが、パー3では許されない。

このパークの設計思想は後にジョン・ロー、ハリー・コルト、アリスター・マッケンジーが発表した理論と比較して、戦略型思想を意識していない点以外は本質的に異なるものではない。パークがスコットランドの経験主義からイングランドのインテリ層による近代設計への橋渡しをしたと評価される所以である。

ただし、戦略型設計といっても、ローのウォーキング、コルトのウエントワース、マッケンジーのサイプレスポイントでも18ホールのすべてがその設計思想で造られているわけではない。

また、第二次大戦後アメリカンゴルフの創始者と言われるロバート・トレント・ジョーンズの設計思想もこのパークの考えの延長線上でしかない。特に彼が唱えた、設計者、グリーンキーパー、プレーを代表するプロゴルファーのそれぞれが持つ異なる要求をどうまとめるかが設計の妙であるという点では、パークはそのすべての分野のプロであり、自分の中でそれらを融合させ、自力で解いた「巨人」であった。

第一次大戦時から第二次大戦以降にかけてコースの設計、改造、復興で活躍したサー・ガイ・キャンベル*は、パークの作品の中からサニングデールとハンタークームを二大傑作として挙げ、パークが既に1914年の第一次大戦以前に近代設計の基準を造り上げていたとして高く評価している。パークは設計に当たって自分がゲームで重視したように、グリーン周りとグリーンの形状には入念な工夫を凝らした。

20世紀に入ってからのパークは、ゴルファーとしての腕は落ち、ボールとクラブ造りではアメリカの大量生産に押されて苦しんだが、コースの設計・建設では大活躍し、イギリスのみならず、アメリカやヨーロッパ大陸にも多くの素晴らしいコースを残し、その結果、かなりの資産を作ったといわれている。マッチでは自分で賭け金を用意し、ことごとく破れたが、事業の才に長けていたパークにとっては、効果の高い宣伝費に過ぎなかったのかもしれない。

＊ Sir Guy Campbell（1885-1960） コース設計家で英国ゴルフ史家。ゴルフに関する多数の雑誌記事と著書を執筆『Golf For Biginners』等。バーナード・ダーウィンの下でスポーツの編集者としても活躍した

ウイリー自ら設計したパターは、グースネックパターの元祖。クラブ制作から、プロとして初のゴルフ書『The Game of Golf』執筆まで知性と才覚あふれる天才で、ゴルフジャンルすべてで、近代ゴルフへの橋渡し役を務めた

Willie Park Sr.
ウイリー・パーク・シニア
（1833−1903）
全英OP初代チャンピオン。1860、63、66、75年と4勝

Willie Park Jr.
ウイリー・パーク・ジュニア
（1864−1925）
職人気質のプロゴルファーで、パットの名手。父は第1回全英ＯＰ優勝者のウイリー・パーク。1887、89年全英ＯＰ優勝

Sunningdale Golf Club
サニングデールGC
1901年開場。
ウイリー・パーク・ジュニア設計。
イングランド内陸コースの最高傑作といわれる

イングランド編　その3

トライアンビレート（三巨頭）の時代

3人の偉大なゴルファーがロンドン周辺に集結し、全英オープンの覇を競い合ったイギリスゴルフの黄金時代。人々は彼らを古代ローマにならって「トライアンビレート」（三巨頭）と呼んだ。この元祖ビッグスリーの活躍ぶりを紹介しよう。

古代ローマでの3人の執政による政治体制を「トライアンビレート」（三巨頭）と呼んだが、イギリスのゴルフ史にも、これに例えられた時代があった。3人の偉大なゴルファーがほぼ同時に登場し、1894年から1914年までの21年間に3人でなんと16回全英オープンのタイトルを席巻したのである。

その3人とは南からの★ハリー・バードン、北からの★ジェームス・ブレイド、西からの★ジョン・H・テイラーで、ゴルフの中心地になりつつあったロンドン周辺にそれぞれ同じ頃に現れた。

イングランドプロ初の全英覇者テイラー

まずはジョン・H・テイラー。出身はイングランド最古のリンクスコースのウエストウォード・ホー！　である。このコースはアマチュアの名手ホーレス・ハッチンソンが所属したロイヤルノースデボンのホームコースだったことでも知られている。ハッチンソンについて簡単にふれておくと、16歳でクラブチャンピオンとなり、当時のクラブのルールに従って史上最年少のキャプテンを務める。以後クラブではルールを変更してチャンピオンとキャプテンを切り離したという。その後、オックスフォード大学ゴルフ部のキャプテンを経てアマチュアゴルフで大活躍した人物だ。ジョン・H・テイラーは子どもの頃、このハッチンソンの生家で庭仕事を手伝い、コースでは彼のキャディを務めていた。18歳で故郷を離れ、サマセットにある古典的リンクス、バーナム＆ベローGCで、グリーンキーパーの修業後、ロンドン近郊に移った。まずロイヤル・ウィンチェスターに所属し、１８９４年サンドイッチ（ロイヤルセントジョージズ）で行われた全英オープンに優勝した。これはイングランドで最初に催された全英オープンで、しかもイングランド人のプロによる最初の優勝だった。さらに翌年、彼はセントアンドリュースで連覇を果たした。翌１８９６年、テイラーは55人の応募者の中から選ばれて名門ロイヤルウィンブルドンのクラブプロに採用された。しかし、ここはクラブの製作・修理、メンバーへのレッスンと同伴プレーの他にコース管理までと、トーナメントで優勝を狙うには苛酷な仕事量を課せられた。それに加え、このクラブはプロに対する態度が冷たく居心地が悪かったこともあり、2年後、テイラーは近隣のロイヤル・ミッドサリーへ転職。翌1900年、全英オープンを再びセントアンドリュースで制覇し、クラブメンバーを大いに喜ばせた。このクラブでは温かく処遇された。後にクラブの名誉会員にもなりクラブハウスへの出入りも許され、第二次大戦後の1948年まで50年間務めた。全英オープン4回目の優勝は9年後の1909年にサンドイッチに隣接するディール（ロイヤルシンクポート）で、さらに5回目の優勝はその4年後の1913年、ホイレーク（ロイヤルリバプール）でなし遂げた。56歳の1927年大会まで全英オープンへの参加を続けている。

2人目、ジェームス・ブレイドは、北にセントアンドリュース、フォース湾を挟んだ南にマッセルバラ、東にクレイルと伝統あるゴルフの聖地に囲まれたスコットランドのアールスフェリーで生まれた。ロイヤルリバプールの寵児、ジョン・ボールを苦しめ続け、その天敵的な存在であったダグラス・ローランドは従兄弟にあたる。ブレイドは4歳からクラブを振り、8歳でトーナメントに参加。セントアンドリュースへ大工の徒弟として出されながらもゴルフの修業を怠らず、24歳のとき、ロンドン東のロムフォード所属プロとしてトーナメントに初参加した。7年後の1901年にミュアフィールドの全英オープンで初優勝して一躍脚光を浴び、1904年にはロンドンの南に新しく誕生したウォールトンヒースのクラブプロとなった。ここがブレイドにとって45年にわたる終生の所属コースとなったのだが、翌年からの10年間が彼の全盛期だった。1905年セントアンドリュースで2度目の優勝を飾ると、その翌年は再びミュアフィルードで。1年置いた1908年はプレストウィックで。また1年置いて再度セントアンドリュースでと、わずか10年の間に5回全英オープンを制覇した。5回優勝はブレイドが史上最初である。ただ彼の場合、開催コースはすべてスコットランドばかりでイングランドでの優勝は経験できなかった。

全英最多勝記録の6勝をあげたバードン

最後にハリー・バードンである。この3人の中で、彼のみが全英オープンを6回制覇しており、これが現在でも最多勝利の記録となっている。バードンはグレートブリテン島の南、ノルマンディの方向に連なるチャネルアイランドのジャージー島の出身である。この島にはロイヤルジャージー、ラ・モイとイギリスのコースランキングに名を連ねるコースが2つある。バードンの生家はこのロイヤルジャージー6番ホールに面していて、幼少の頃からゴルフに馴染みやすい環境だった。弟のトムと共にプロゴルファーを目指したが、まず弟がイングランドに出かけ、兄の所属先を斡旋した。弟のトムはヨークシャーのイルクリー経由でサンドイッチに所属、その10年後アメリカへ移住した。兄のハリーはまずケンブリッジの東、バリーセントエドムンズ、次いでヨークシャーの名門ギャントン、その後は終生のホームコースとなったロンドン北西のサウスハーツに籍を置いた。

バードンの最初の全英オープン制覇は1896年のミュアフィールドだった。2回目の制覇は1898年、全英オープン発祥の地、プレストウィック。3回目は翌年、サンドイッチ。4回目は3年後に再びプレストウィック、そして5回目は8年後の1911年、再度サンドイッチだった。残念ながら彼だけはセントアンドリュースでの勝利には恵まれなかった。

スウィング面でトライアンビレートの3人に共通した点はスコットランドのプロたちのやり方と違ってスウィングのトップで固く握ったグリップを緩めないことだった。バードンのスウィングは当時常識だったフラットな横振りのセントアンドリュース型とは異なり、バックスウィングで左腕を曲げたややオープンスタンスの縦振り。距離に加え正確な方向性も持ち、もっとも華麗なフォームと絶賛された。そのオーバーラッピンググリップは「バードングリップ」と呼ばれ、近代ゴルフへの橋渡しとなった。また彼のゲームの強さは南のノルマンディから攻め込んできた征服王ウイリアムに例えられるほどであった。

テイラーはマッシーを得意クラブとしていてフォロースルーをカットに取り、ボールに強烈なスピンをかけてピンそばに止める名人だった。常にグリーンではなくピンを狙ったショットを心掛けた。ブレイドは運良く出会ったドライバーとアルミ製パターのおかげでケタ外れのロングドライブと正確なパットを身につけたが、同時にぶれやすいショットを補うリカバリーにも優れた技を持っていた。

トライアンビレートの最後で最大の戦い

トライアンビレートによる〝6回優勝〟の先陣争いでもあり、最後の戦いにもなったのが1914年プレストウィックで開催された全英オープンであった。第一次大戦開戦の気配も感じられ、この大会が時代の一区切りになるとみられていたこともあり、既に40代半ばの3人はそれぞれの秘めた思いでこの大会に臨んだ。

このコースでは、かつて1903年の大会でバードンが発熱に苦しみ2日続けて午前と午後のラウンドの間ベッドで休養をとりながら戦った経験がある。結果は2位となった弟のトムに6打差の優勝だったが、その後バードンは結核で入院している。

今回はまず初日に既に全盛期を過ぎていたブレイドが脱落した。最終日の午前ラウンド終了時点ではテイラーが2打差でトップ。しかし午後に入って有名な3番カーディナルホールでテイラーは観客のカメラの音でリズムを狂わせ、その後ゴルフを崩した。それでも最終ホールまでバードンを追い詰める大激戦となったがバードンがなんとか逃げきり、念願の最多勝利を手中にした。この歴史に残る大ゲームはトライアンビレート時代の幕引きともなった。大戦後、全英オープンは5年のブランクの後1920年より再開されたが、この頃からアメリカ勢の力がイギリスを上回るようになり、全英オープンの歴史も新しい時代に移っていくのである。

「トライアンビレート」がイギリスのゴルフに残した功績はそれだけではない。

テイラーはコース設計では所属コースの改造に加え、内陸のノッツ、ロイヤルアスコットランド、リンクスではロイヤルドーノック、マクリハニッシュ、ロイヤルバークデールなどの超一流コースの設計・改造を手掛けている。特に1920年以降、本格的にコース設計に取り組み、そのパートナーにはF・G・ホートリーを選んだ。仕事の分担はテイラーが商談と基本設計とオープニングセレモニーを受け持ち、詳細設計と建設の仕事はホートリーが当たった。* コース設計でフレッド、マーチンと三代続いた有名なホートリー一家はここから出発している。

テイラーは学校教育こそなかったが勉強熱心だった。自分も一緒に学ぶため、毎晩娘に学校でのその日の勉学の話を聞くことを習慣にしていた。彼の著書『Golf My Lifes Work（ゴルフ、私の天職）』もゴーストライターなしで書いたといわれる。また彼のスピーチは雄弁ではないが、心のこもった内容と話しぶりで聴衆を魅了した。

ある日、テイラーは、ロンドン郊外に住むゴルファーから、2人の息子がプロゴルファーの資質を持っているか判断してほしいという手紙を受け取った。これが後にロイヤル・ミッドサリーでテイラーの後を継ぎ、強力なアメリカ勢と競って全英オープンに3回優勝したヘンリー・コットンとの出会いであった。

現役プレーヤーから引退したテイラーにとって最大の誇りは、1933年サウスポート＆エインズデールで行われたライダーカップのキャプテンとして強敵のアメリカチームを倒したことであった。彼は自分の造るゴルフクラブがアメリカ製のものに劣るとは考えられず、アメリカ人ゴルファーによるタイトルの席巻には耐えられなかった。それ故に、なんとしてもライダーカップには勝ちたかったのである。後年、テイラーは故郷のロイヤルノースデボンで理事長に推薦され、またR&Aの名誉会員にも推挙されゴルファーとして無上の喜びを味わいながら91歳まで生きた。

数多くの名コースを設計・改造したブレイド

トライアンビレートのなかで、もっとも積極的にコース設計の分野で活躍したのがブレイドである。最初の全英オープン勝利以来、売れっ子となり、1908年にはコース設計に関する記述も発表している。性格が几帳面で、彼の図面は詳細で正確と評判で、信頼性が高かった。ただ彼は乗り物に弱く海外に出かけるのを嫌ったため、活動範囲は大方イギリスが中心であった。アメリカでの設計実績は、すべて図面によるもので一度も現地を訪れなかったが、図面の正確さときめの細かさがそれを補った。

ブレイドが本式にコース設計に取り組んだのは、プレーから徐々に離れ始めた第一次大戦後の時期からである。旅を嫌ったブレイドのため、現場での建設を担当したのが土木工学の専門家のジョン・スタットであった。この2人の組み合わせは1923年に始まりブレイドの存命中を通じて1950年まで続いた。ブレイドの代表作はスコットランドのリンクスの改造ではカーヌスティ、プレストウィック、ロイヤルトルーン……と一流コースばかり。内陸コースではグレンイーグルスとブレアーガウリーが

＊　1912年設立の英国のコース設計事務所・ホートリー社、親子三代の設計事務所

双壁。イングランドでもリンクスだけではなくパークランドやヒースランドもこなし、まさに名コースのオンパレードである。しかし、ブレイドは長年ホームコースとしたウォールトンヒースにはまったく手を付けていない。ここの設計者ハーバート・ファウラーはブレイドにとって別世界に住む身分の違う教養人かつ理論家であった。

ブレイドは80歳で他界したが、その直前、R&Aよりプロゴルファーとして初めて名誉会員に選ばれるという最高の栄誉を手にした。

米国ゴルフの隆盛の礎を築いたバードン

バードンはコース設計に関しては結核の持病のためにあまり活躍できなかった。それでも内陸コースではギャントン、ウッドホールスパー、リンクスではロイヤルカウンティーダウン、ディールといった数こそ少ないが、すべてエリートコースの範疇に入るもののみに手をつけている。

バードンの最大の功績は、持病を抱えながら3回に渡って敢行した長期のアメリカ遠征で全米各地を転戦した無数のエキシビションマッチによって、後にイギリスを凌駕するアメリカのゴルフの礎を造ったことだろう。ボビー・ジョーンズも、もっとも感銘を受け、多くを教えられたのはバードンとの同伴プレーだったと述べている。バードンは1937年に67歳で他界したが早くも同年、米国プロゴルフ協会は彼を偲んで年間最少平均ストローク記録者に贈る「バードントロフィ」を制定した。

James Braid
ジェームス・ブレイド
(1870−1950)
長身痩軀で豊かな口髭を蓄えた風貌。ドライバーショットは飛んで曲がったが、リカバリーとパットの名人だった。全盛期は一気に全英OP５勝、2位3回。引退後はコース設計に転身した。正確で緻密な図面で大好評を得た

John Henry Taylor
J・H・テイラー
(1871−1963)
体格がよく、独特のべた足打法でピンを果敢に攻めるスタイル。全英OP５勝、2位6回。引退後は、コース設計・改造、著作と幅広い才能を見せた

"Harry" Vardon
ハリー・バードン
(1870−1937)
そのフォローは今に通じる画期的なアップライトスウィング。今なお破られない全英OP６勝の大記録を残したが三巨頭でもっとも短命だった

トライアンビレート　全英オープン勝利の足跡

1894	**J・H・テイラー**	サンドイッチ
1895	**J・H・テイラー**	セントアンドリュース
1896	**ハリー・バードン**	ミュアフィールド
1897	ハロルド・ヒルトン	ホイレーク
1898	**ハリー・バードン**	プレストウィック
1899	**ハリー・バードン**	サンドイッチ
1900	**J・H・テイラー**	セントアンドリュース
1901	**ジェームス・ブレイド**	ミュアフィールド
1902	サンディ・ハード	ホイレーク
1903	**ハリー・バードン**	プレストウィック
1904	ジャック・ホワイト	サンドイッチ

1905	**ジェームス・ブレイド**	セントアンドリュース
1906	**ジェームス・ブレイド**	ミュアフィールド
1907	アルノー・マッシー	ホイレーク
1908	**ジェームス・ブレイド**	プレストウィック
1909	**J・H・テイラー**	ディール
1910	**ジェームス・ブレイド**	セントアンドリュース
1911	**ハリー・バードン**	サンドイッチ
1912	テッド・レイ	ミュアフィールド
1913	**J・H・テイラー**	ホイレーク
1914	**ハリー・バードン**	プレストウィック

(以降1920年まで第一次世界大戦のため中止)

イングランド編　その4

トライアンビレートと競った5人の個性派たち

21年間に16回全英オープンのタイトルを3人のプロゴルファーが独占した「トライアンビレート」（三巨頭）時代、その間隙《かんげき》を縫うようにしてタイトルを奪った個性に満ちた5人の男たちがいた。その彼らに視点を移して見ると英国ゴルフ黄金時代の多彩さと豊かさが見えてくる。

前節で、紹介したように1894年から第一次大戦開始までの21年間はトライアンビレート（三巨頭）、即ちハリー・バードン、ジョン・H・テイラー、ジェームス・ブレイドが大活躍した時代であった。この間、3人で全英オープンを合計16回取っている。しかし、残りの5回はすべて個性溢れる5人のゴルファーがそれぞれ1回ずつ制した。その5人とは、★ハロルド・ヒルトン、★サンディ・ハード、★ジャック・ホワイト、★アルノウ・マッシー、そして★テッド・レイである。

この5人に焦点を当て、彼らのゴルファーとしての経歴と全英オープン制覇の実情に迫りながら、英国ゴルフの黄金時代を眺めてみよう。

まず第一の男、ハロルド・ヒルトンである。1897年の全英オープンはロイヤルリバプールのホームコース、ホイレークで初めて開催されたが、この記念すべき大会はメンバーのヒルトンが制するという劇的なものとなった。彼はイギリスで多くの名ゴルファーが誕生した1869年の生まれでこの年はワインになぞらえて「ビンテージイヤー」、この年に生まれたゴルファーは「シックスティナイナーズ」と呼ばれている。ウォーキングGCの改修によって「戦略型設計の元祖」とされ、OCGS(オックスフォード・ケンブリッジ・ゴルフィング・ソサエティ)の生みの親でもあるジョン・ローも、「近代ゴルフコース設計の父」と呼ばれるハリー・コルトもその一人である。

ヒルトンはロイヤルリバプールのメンバーで、同クラブの寵児だったジョン・ボールより8歳若い。ボールの存在のため、ヒルトンはやや影の薄い感じがあるが、実績、技量ともにけっして、ボールに劣るものではなかった。特にウッドクラブの技量は群を抜いており、ドローもフェードも自由自在に打ち分けた。当時もっともゴルフ理論に精通していたジョン・ローも自分の著書『Concerning Golf(ゴルフについて)』のなかで、ドライバーの章はヒルトンに著述を依頼している。

1860年の創始以来、全英オープンはスコットランドのプロに席巻されてきたが、最初のイングランド人による勝利が１８９０年、アマチュアの、ジョン・ボールによるものであった。ヒルトンはその2年後、開催コースがオナラブル・カンパニーの新設ホームコースのミュアフィールドに移り、競技方式も36から72ホールに変更された１８９２年、イングランド人として、またアマチュアとして２人目の優勝を成し遂げた。つまり１８９７年のロイヤルリバプールでの勝利は彼にとって２度目のタイトルだったのである。

１９１１年には、サンドイッチでの全英オープンで優勝を争うプレーオフに惜しくも１打差で届かず3位タイ（結果はハリー・バードンがアルノウ・マッシーを破って優勝）という大健闘を見せ、しかも同年に全英アマと全米アマの両方を制覇した。イングランド人の全米アマ勝者は、２０１３年にマシュー・フィッツパトリックが１０２年ぶりに勝利するまで、このヒルトンだけであった。

またアマチュアによる全英オープン勝利は、このロイヤルリバプールの2人（ヒルトンとジョン・ボール）の他はアメリカ人のボビー・ジョーンズのみ。そしてヒルトンの全英オープン2勝、全英アマ4勝、全米アマ１勝の輝かしい戦績を越えるアマチュアといえば、やはりボビー・ジョーンズ（全英オープン３勝、全英アマ１勝、全米オープン４勝、全米アマ5勝）を置いていない。

ガタパーチャボールに終止符を打った、第二の男

1902年の全英オープン、サンディ・ハードの優勝も記録にとどめられる。この大会もロイヤルリバプールのホイレーク*で行われたが、ガタパーチャに代わって新しく現れた糸巻きのハスケルボールを使用した最初の全英オープンチャンピオンの誕生だった。

その経緯はこう語り継がれている。

「練習ラウンドを同伴したジョン・ボールから15番ホールで新ボールをもらい試打してみた。飛距離は抜群で、かつて経験したことのないロングドライブが打てた。ハードはボールからもらったこの1球のみで2日間の4ラウンドをプレーし通した。また糸巻きボールの使用に関しては大会終了まで誰にも知らさないままにした」と。

しかし、実際には、ハードはこの新ボールをホイレークのプロから4個購入して各ラウンドでニューボールを使用していた。初日は77、76と快調な滑り出しだった。2日目の午前中は強風のため、〝トライアンビレート〟のハリー・バードンも、ジェームス・ブレイドも80以上叩いたが、ハードは73という好スコアで首位に立った。午後の最終ラウンドは優勝を意識して81と苦しんだがなんとか1ストローク差で逃げきった。このサンディ・ハードの優勝は、1848年から使用されてきたガタパーチャの時代に終止符を打つことになった。その意味でも歴史的に大きな意味を持っている。

＊ 米国人医師、コバーン・ハスケルが発明（1899年）したゴム芯糸巻きボール

ただし、このハードの優勝は新ボールのみによるものではない。彼自身が素晴らしいゴルファーだったのだ。ハードはヒルトンより1年早い1868年、セントアンドリュースで生まれたが、パン屋に奉公、次に、しっくい職人の徒弟になるなど苦労を重ねた。しかし、好きで上手なゴルフが捨てきれず、23歳でプロゴルファーになった。その年、3つのトーナメントで優勝した他、ヒルトン優勝のミュアフィールドでの全英オープンでは堂々2位になっている。しかも翌年のプレストウィックでは3位、2年後のセントアンドリュースでは2位と、その実力は安定したものがあり、1902年の優勝は新ボールによる偶然だけではなく、長年の苦労と努力の結実だった。

スコットランド出身プロがイングランドで大人気となる

第三の男は、1904年、サンドイッチで全英オープンを制したジャック・ホワイト。当時、ロンドン郊外の新コースで人気抜群だったサニングデールGCに所属するプロであった。支配人はなんと435人の応募者から選ばれたハリー・コルトで、後に近代設計の先駆者となる人物である。

ホワイトの故郷はスコットランドのノースベリックで、このコースに住み着いた伝説的なプロ、ベン・セイヤーズの甥にあたる。サニングデールのコースを設計したウイリー・パーク・ジュニアが近隣のマッセルバラ出身で、以前からの知己であったホワイトを新クラブの初代プロに推薦した。ロンドン近郊では1890年頃からゴルフコースの建設ラッシュになるが、新しいクラブはゴルフの先進地スコットランドから専属プロを受け入れるのが流行だった。ホワイトもその動きに乗じて早くから故郷を離れ、プロゴルファーとしてイングランドへ移住した。いくつかのクラブを転々とした後、1902年にサニングデールに落ち着き、以後25年間の勤務となった。

ホワイトに限らず、永年勤続の多くのスタッフがこの新しいクラブを超一流に仕上げたことはゴルフ界では有名な話である。この大会でのホワイトの成績は、80、75、72、69とラウンドごとに良くなり、トータル296はサンドイッチで初めて300を切る記録的な好スコアであった。最終日のラウンドで、ジェームス・ブレイドとジョン・H・テイラーが共に70を切って強烈に追い上げたが、ホワイトは何とか逃げきって勝利を手に入れた。

サニングデールのクラブはこの優勝を讃え、ホワイトに対して昇給と住居の提供を行っている。

1907年、またまたホイレークで開催された全英オープンも歴史的意味を持つものになった。イギリス人以外のゴルファーが初めて優勝した大会となったのである。優勝者の名前はアルノウ・マッシー。フランス系バスク人が第四の男であった。

マッシーは大西洋に面した南フランス、ビアリッツに生まれ、ゴルフ・ド・ビアリッツでキャディをしながらゴルフを覚えた。1888年から続くこのコースは、1856年設立のヨーロッパ大陸最古のゴルフクラブ、ポウGCと並ぶ古くからの有名コースである。両方ともスコットランド人によって造られたもので避寒のシーズンには、イギリス人と裕福なアメリカ人ゴルファーの来客で賑わった。そのなかにはウエストウォード・ホー！　から毎年訪れる名ゴルファー、ホーレス・ハッチンソンもいた。マッシーはハッチンソンの素晴らしいゴルフに目を付け、自分のゴルフの範とした。なお、このビアリッツやポウは、イギリスからアメリカへのゴルフの橋渡しで歴史的な役割を果している。アメリカのシネコックヒルズ最初の設計者、ウィリー・ダン・ジュニアはここでアメリカの富豪バンダービルト*1と知り合い、その縁でアメリカに渡り、思わぬ幸運を手にしている。また、ボストンの名門、ザ・カントリークラブのゴルフは、ボストンからこの地へ避寒にやって来てゴルフを覚えたメンバーが持ち帰ったことからスタートしている。

マッシーは、その後ゴルフを本格的に身につけるため、本場スコットランドへ移り、ノースベリックのベン・セイヤーズ*2に師事した。セイヤーズはマッシーの資質の素晴らしさを見抜き、当初から、やがて全英オープンを制するだろうと予言していたという。ただセイヤーズ自身は１８８０年から１９２３年まで全英オープンに参加し続けたが、ついに勝利を手にすることは出来なかった。

マッシーのゴルフはベースボールグリップでオープンスタンス、パワーゴルフのロングヒッターでクリーク（現在のロングアイアン）を得意とした。全英オープンへの参加は１９０２年が最初で10位、１９０５年５位、翌１９０６年６位という見事な成績をあげた。1907年に優勝した大会は悪天候で、強い風と雨に晒される厳しいゴルフとなった。彼にとってこの時、優勝の他に2つの喜びがあったという。ひとつは悪天候にとびきり強いといわれたジョン・H・テイラーを接戦で下したこと。もうひとつは大会中に娘が誕生したことであった。娘の名はこの優勝に因んで「ホイレーク」と名付けられた。

なお、ノースベリックでは、この優勝は外国人選手のものではなくノースベリックの優勝と捉えた。マッシーが自分たちのコースでセイヤーズの指導のもとゴルフを磨き、しかも彼の妻はスコットランド人だったからである。

最後の男は、1912年のミュアフィールド大会で優勝したテッド・レイである。レイはハリー・バードンと同郷のチャネルアイランド、ジャージー島の出身である。バードンより7歳若く、ちょうど弟分的な存在であった。レイのゴルフは、バードンの華麗なスウィングから打ち出す美しい打球とは違い、後にウォルター・ヘーゲンが〝スラッガー〟と呼んだパワーヒッターのはしりだったが、リカバリーショットの巧みさとデリケートなショートゲームにも長けていた。そして飛距離は出るが不安定、ボギーも叩くがバーディも出すというマッチプレー向きのゴルフで、安定したバードンのプレーとは対照的だった。

＊1　バンダービルト家は、アメリカで19世紀前半に社会的に有名となった鉄道王の一族

＊2　〝Ben〟Sayers（1856－1924）はスコットランドのプロゴルファー、後にコース設計家。ゴルフクラブメーカーを設立。高品質のガタパーチャボールを作ることに定評があったという

バードンは3回大西洋を渡ってアメリカへエキシビションマッチの旅に出たが、そのうち2度レイをパートナーに選んでいる。理由はゴルフスタイルの違いを披露して一層の人気を煽るためだった。

1912年の優勝を遂げた全英オープンでは、レイは最初のラウンドから最終ラウンドまで危なげない安定したプレーでトップの座を守り続け、兄貴格のバードンを抑えて完全優勝を遂げた。1913年には、2人で、ボストン郊外のザ・カントリークラブで開催された全米オープンへ臨んだ。バードンは全英オープン5回制覇、レイは全英オープン覇者としての参加であった。試合は、アメリカ人で20歳のアマチュア、フランシス・ウィメットとの3人によるプレーオフになり、イギリス人の2人のプロが破れる結果となった。このウィメットの勝利はゴルフ史上特筆されるもので、アメリカのゴルフブームに火をつけることにもなった。

しかし、レイは第一次大戦後の1920年、再度全米オープンに挑戦し、見事これを制した。以後イギリス人（アメリカへの移民を除く本国からの参戦）の全米オープン制覇は、1970年のトニー・ジャクリンまで50年間待たなければならなかった。

〝トライアンビレート〟がいなかったら、この5人のゴルファーはもっと華やかなキャリアを残すことができたかも知れない。いや、トライアンビレートと競いあったからこそ、彼らの力も引き出され、一段と大きく輝いたのであろう。

Harold Hilton
ハロルド・ヒルトン
(1869−1942)
1892、97年と全英OPを2度制覇。全英アマ4勝、全米アマ1勝の大記録を残した

"Ted" Ray
テッド・レイ
(1877−1943)
1912年の全英OPと1920年の全米OPで優勝。1927年ライダーカップ英国・初代キャプテン

Alexander "Sandy" Herd
サンディ・ハード
(1868−1944)
巧みなアプローチショットで1902年にホイレークでの全英OPに優勝。糸巻ハスケルボールを使用した最初のチャンピオン

Arnaud Massy
アルノウ・マッシー
(1877−1950)
フランスで最も成功したプロゴルファーのひとりであり、1907年の全英OPで優勝

John "Jack" White
ジャック・ホワイト
(1873−1949)
1904年の勝利を含め、全英OPで6回のトップ10フィニッシュを記録。ベン・セイヤーズの甥

イングランド編　その5

イングランドを代表するインテリゴルファー、ホーレス・ハッチンソン

スコットランドから脱皮してイングランドのゴルフが形成されたのは、19世紀の最後の30年と、20世紀に入って第一次世界大戦（１９１４年開戦）までの期間であった。この間、イングランド最古のリンクスをホームコースとし、理想の環境に育ったホーレス・ハッチンソンの存在を忘れてはならない。彼の経歴は、そのまま初期のイングランドゴルフ史でもあるのだ。

★

ハッチンソンが最初にゴルフ史に登場するのはロイヤルノースデボンGC、そしてそのホームコースのウエストウォード・ホー！。まずこのハッチンソンを生んだクラブとコースの話から始めよう。

このクラブはイングランドではロンドンのブラックヒースGCに続いて古い。ブラックヒースは、エリザベス女王を継いでイングランドの王位に就いたスコットランド

のジェームス6世*に同行して、エディンバラから移ってきたスコットランド系フリーメイソンの造ったもので、純粋にイングランド人のものではない。

設立間もなく、プリンス・オブ・ウェールズ（後のエドワード7世）がパトロンとなって、クラブ名に「ロイヤル」が授けられた時、ノースデボンのメンバーたちは「ジェームス1世の蒔いた種はアザミであったが、われわれの種は真の赤バラとなった」と誇りにした。アザミはスコットランドの、赤バラはイングランドの国花である。

ホームコースは神様の贈り物

ロイヤルノースデボンの設立は1864年で、ロンドンスコティッシュより1年、ロイヤルリバプールより5年早い。クラブ設立は、セントアンドリュースより訪ねてきたモンクリフ将軍が、ノーザムバローズの砂地を見て「この地こそが神がゴルフコースのために用意してくれたもの！」と感嘆したことから始まった。将軍は、この地域の実力者でクラブ設立の中心人物となったゴセット牧師の義兄にあたる。以前から同じ場所でゴセット一家を中心にゴルフは行われていた。

クラブ設立を機に、セントアンドリュースからオールド・トム・モリスが招かれ、やや変則ながら、22ホールのコースが造られた。これはオールドコースの原型がモデルである。かつて1754年にセントアンドリュースのクラブが出来たとき、ゲーム

＊　スコットランド王としてはジェームズ6世であり、イングランド王としては、ジェームズ1世。ゴルフをイングランドに持ち込んだといわれる

は12のホールを往復し、両端の2ホールが1回、中間の10ホールが2回使われる22ホールによる形式だった。

ただ、ここでは、オールドコースのように帯状を往復するのではなく、17ホールと5ホールの2つのループからなっており、前者をロングコース、後者をショートコースと呼んだ。ただしロングコースは名物ホール、4番の「ケープ」を2度プレーして18ホールとして、クラブ競技は合計の23ホールで争われた。その名物ホールは、フェアウェイを横切る大きな深いバンカーをティーショットで越えるものである。この深いバンカーの前方の縁は高く枕木で補強され、威圧的ですらある。ガタパーチャボールの時代には、前方への脱出は、大変な冒険であった。さらにコースのラフには、特有の「シーラッシュ」と呼ばれる身の丈ほどもある雑草が生えている。

現在はハーバート・ファウラーが改造した正規の18ホールとなり、ゴルフ界で最も牧歌的で美しいコースとして、世界のゴルファーの憧れの的となっている。

16歳の若さでクラブのキャプテンに

ウエストウォード・ホー！　のコース名は、チャールズ・キングズリー*がここで書いた小説に由来する。キングズリーは、設立時の中心メンバーで名物ゴルファー、「オールド・モール」の呼び名で知られたジョージ・モールスワースの住む建物に滞在して執筆していた。オールド・モールはこの地域の名家出身の退役海軍将校で、クラブの設立と発展の基礎を築く上で大いに貢献した人物である。ハッチンソンはこのようなクラブ、このようなコースで育った。後にトライアンビレート（三巨頭）の一人になったジョン・H・テイラーは、ここでしばしばハッチンソンのキャディを務めていたことは前にも述べたが、年齢はテイラーが12歳年下である。

またハッチンソンの叔父も、ノースデボンでは有名なゴルファーで、1856年、当時イギリス人の避寒地だった南フランスのポウにヨーロッパ大陸最古のゴルフクラブ、ポウGCを造ったことで知られている。ハッチンソンもここでゴルフを楽しみ、すぐ隣のゴルフ・ド・ビアリッツにも頻繁に足を運んだが、ここでは、これも後に全英オープンを制したアルノウ・マッシーをキャディに使っていた。何とも羨ましい限りで、ハッチンソンほど恵まれたゴルファーには、まずお目に掛かれまい。

ノースデボンの春の大会では、クラブ発足以来スコットランドを含む他のアマチュアも参加し、プリンス・オブ・ウェールズ寄贈のゴールドメダルが争われていた。全英アマ開始以前は、この大会が全英を代表する競技であった。ハッチンソンはこのメダルを6年連続で手に入れている。

また、1875年には16歳の若さでクラブ競技に優勝、クラブ規約によりキャプテンとなった。若年ながら臆することなく堂々と会員総会の議長も務め、キャプテンの重責を立派に果たしたという。

＊ Charles Kingsley（1819-1875）英国の宗教家、大学教授、改革論者、歴史家、小説家。チャールズ・ダーウィンの友人で同僚。『ホー！』は1855年発表のベストセラー小説

これを機にクラブでは規約を変更し、キャプテンはクラブ競技の優勝に関係なく選ぶことにしたが、若くて自信に満ちたハッチンソンは「規定の変更も、私の手に入れた尊厳までは変更できない」と誇らしげに語っている。

その後オックスフォードに進んだハッチンソンは、イギリスのゴルフ界で「ユニバーシティマッチ」と呼ばれるオックスフォードとケンブリッジ両大学の対抗戦の花形スターとなる。ケンブリッジではセントアンドリュース出身の学生、W・T・リンスキルが、オックスフォードではウエストウォード・ホー！　出身のシーリー・バイダルスが、同じく1875年にゴルフを始めていた。

1878年には、自然の動きとして両校の第1回対抗戦が企画された。双方から日帰り可能な場所ということでコースとしてはウィンブルドンコモンのコースが使われた。この記念すべき第1回対抗戦で、抜群の強さを誇るハッチンソンがキャプテンを務めるオックスフォードが大差でケンブリッジを下している。翌年、雪辱に意気込むケンブリッジチームは、全員赤いコート姿で、バグパイプ奏者を従え、キングスクロス駅から馬車を仕立ててウィンブルドンに乗り込んだ。一方、オックスフォードチームは、あくまで平常を保って汽車を乗り換えながら、最寄りのパットニー駅まで向かったが、途中で汽車が動かなくなるという事故が起き、疲労困憊してコースにたどり着いた。

不運が祟り、結果は予想に反してオックスフォードの大敗。負け知らずのハッチンソンにとっては、初めてといってよいショックな出来事であった。

この対抗戦が基盤となって1898年、両校のゴルフ部出身者によるユニークなゴルフクラブが結成された。OCGS（オックスフォード・ケンブリッジ・ゴルフィング・ソサエティ）の誕生である。結成の発起人は〝戦略型設計の元祖〟ジョン・ローや〝近代設計の父〟ハリー・コルトであったが、初代理事長にはハッチンソンが選ばれた。当時のゴルフ界における彼の存在の大きさを物語るものである。OCGSは、これまでに全英アマの勝者、英米アマ対抗戦ウォーカーカップの代表、R&Aのキャプテンなどを多数輩出してきた。両校対抗戦の歴史は全英アマより古く、イングランドのゴルフ史では特に重要なものとして扱われている。

1885年には、ロイヤルリバプールGCの熱心な働きが実を結び、全英アマがスタートした。第1回大会は彼らのホームコース、ホイレークで開かれた。ハッチンソンは決勝に進出したが、優勝はスコットランドのアラン・F・マックフィ。しかし、ハッチンソンは翌年のセントアンドリュース、さらにその翌年のホイレークで連続して優勝の栄に輝き、見事雪辱を果たしている。

ハッチンソンは単に強いだけのゴルファーではなかった。興味の幅が広く、しかも各分野で行動的な教養人であった。文筆活動では、小説の他、ゴルフ、猟、釣り、歴史、自然科学、宗教など多岐にわたった著述を残している。その多忙ぶりを彼の妻は「毎朝、半分髭を剃って文章を書き、合間にまた残りの髭を剃っていた」と表現している。ゴルフのプレーは活動のひとつに過ぎず、それに費やした時間も限られている。にもかかわらず腕前は超一流で「1903年のミュアフィールドでの全英アマでは、コースに着くなり1番ティーに立ち、そのまま決勝に進んだ」と語られている。球聖ボビー・ジョーンズに通じるものを感じさせるエピソードだ。

コース設計家としても英米で活躍

設計したコースは、数こそ少ないが話題作ばかり。ロイヤルウエストノーフォークGCのブランカスターコースは、イギリスの中で「最も幻想的なリンクス」と讃えられる。周りの景観は趣を異にするが、しばしばハッチンソンの故郷のウエストウォード・ホー！ と対比される。そして、世界一難しい「パラダイスグリーン」で有名なロイヤルイーストボーンGC、名物9ホールのアイルオブシリーGCと続く。

アメリカのコースでは、ナショナル・ゴルフリンクスの建設でチャールズ・マクドナルドに、ボストン最古のクラブ、マイオピアハントでのゴルフコース建設でハーバート・リーズに貴重な助言を与えている。

R&Aとの縁も深くオールドコースでは何度も名勝負を演じている。晩年にはゴルフへの多年にわたる功績を讃えられ、R&Aのキャプテンに選ばれた。これはイングランド人として初めての栄誉であった。

ハッチンソンはスコットランドに席巻されたイングランドのゴルフ黎明期から、トライアンビレートに代表される最盛期、第一次大戦後のアメリカの台頭まで、すべてを体験し、観察し、抜群のゴルフの腕前と教養人としての見識でこれをリードした、イングランドを代表する典型的なインテリゴルファーであった。

1890年代の全英アマチャンピオンたち。左からJ・E・レイドレー、ジョン・ボール、ホーレス・ハッチンソン、P・C・アンダーソン

"Horace" Hutchinson
ホーレス・ハッチンソン
(1859 – 1932)
1886、87年の全英アマで優勝。全英OPでも トップ10フィニッシュを3回、1890年には6位。イングランド人して初のR&Aキャプテン、コース設計家としても活躍

イングランド編　その6

近代ゴルフ理論の生みの親
ジョン・ロー

ゴルフがイングランドに持ち込まれ、オックスフォードやケンブリッジで学んだ若者たちが、ゴルフの世界へ参加し始めた20世紀に入った頃から、その動きは加速し、ゴルフが論理的、科学的にとらえられゴルフ理論が一気に近代化される。その動きの中心人物がジョン・ローであった。

近代設計の父といわれるハリー・コルト★は、こう言っている。

「クラブのコース委員をはじめ、何人ものゴルファーから、コースの善し悪しや改造を示唆する意見が寄せられる。しかし、このような意見はほとんど無意味なもので、無視してよい。ただ、ジョン・ロー★からのものであれば別である。彼の意見なら、それを吟味し本気で改造を検討する必要がある」と。

ゴルフの理論に関し、いかにコルトがローを尊敬していたかが理解できる。コルトとローは同じ１８６９年生まれで、（コルトが１学年下ながら、共にケンブリッジ大学のクレアカレッジ*に籍を置くゴルフ部員であった。

卒業後、2人は弁護士になっても好きなゴルフは続け、R&Aのメンバーとしてクラブ競技で優勝し、共にメダリストとなっている。この両人によるゴルフ発展への寄与は計り知れないものがある。

史上初の戦略型ホール誕生

コース設計の仕事には、その基礎に明確なゴルフ理論が必要である。ローの理論を知るためのよい手掛かりは、ウォーキングGCの改造であろう。

ウォーキングは、約100名の弁護士によってロンドン西南のフックヒースと呼ばれた、不毛の砂地にトム・ダンの設計で1893年に造られたコースである。トム・ダンは父のウイリーがロンドン最古のゴルフコース、ブラックヒースのプロ、自分はその隣のロンドンスコティッシュGCのプロだった時期もあり、この地帯では有名であった。早くからコース設計に興味を持ち、特に内陸コースの設計・建設に強い関心を示した。ウォーキングもそれなりによい出来であったが、単調で変化に乏しいというメンバーの声が強く、コース委員長のスチュワート・ペイトンはコース改造に踏み切った。

改造にあたりペイトンは、クラブメンバーでケンブリッジの同窓、しかもゴルフに

*クレアカレッジは1326年創立の2番目に古いカレッジ。白洲次郎もこのカレッジに留学していたといわれる

詳しい、ジョン・ローに協力を求め、長年にわたるウォーキングでの共同作業が始まった。セントアンドリュースのオールドコースを理想とする2人は、暇さえあれば現地に出掛け、プレーを通してコースの研究を行ったが、ラウンドする度に新しい発見があったという。

仕入れた知識は改造に使われ、2人の努力によりウォーキングは見事なコースに生まれ変わった。

有名な話は、4番352ヤード、パー4の改造である。このホールはフェアウェイの幅は広いが、右に鉄道が走るためOB線が近く、グリーン手前は全面、ガードバンカーで固められている。

ペイトンは独断でフェアウェイのセンターから右寄り、ドライバーショットの落下地点あたりに、縦に2つのポットバンカーを造った。オールドコース16番の有名なバンカー、プリンシパルズノーズの模倣である。当時は、オールドコースの16番にも右に鉄道が敷かれていた。ペイトンは同時に、グリーン手前のガードバンカーの右半分を埋め立てた。

メンバーたちから「良いショットがバンカーにつかまるので埋めるべきだ」との強い苦情が出た。ここで、ローは自分のゴルフ理論を使って、その改造意図の説明に努めている。

頭脳プレーを求めたローのゴルフ理論

「ゴルフは単にクラブでボールを打つ技術を競うだけのものではなく、ティーからグリーンに至るどのルートを選択するかという頭脳プレーが大切である。そして第1打から最後のショットまですべてが連続し、かつ関連しており、各ショットは独立のものではない。良いホールではグリーンまでのルートが必ず複数個用意されており、プレーヤーはその日の風の方向と強さ、自分の調子を計算に入れてベストのものを選ぶことができる。戦略ルートは多いほど良く、ただひとつしかないホールは感心しない。それ故、仮にそれがフェアウェイであっても、ティーからグリーンに至る最短距離の線上にはハザードが設けられるべきで、プレーヤーはこれをいかに上手に回避して最少スコアでまとめるかが課題となる。当然、ハザードの近辺は危険が大きいが、次のショットには有利でなければならない。

ウォーキング4番の改造も、この例外ではない。改造によって、右は狭く危険になったが、第2打ではグリーンのガードバンカーが効いておらずやさしい。反対に左は広いが、グリーン前のバンカーが邪魔でアプローチが厄介となる。リスクをとってティーショットで右のバンカー越えを狙うと、成功すればよいが、もしつかまれば最低でも1打の損となる。つまり、ティーショットから、どのルートを採用するかの頭脳プレーが求められる」

これが自身の著書『Concerning Golf（ゴルフについて）』（1903年刊）にも発表

した、ローのゴルフ理論である。このローの理論はコース設計史上で「戦略型設計」の始まりとされている。

『種の起源』で知られるチャールズ・ダーウィンの孫であり、当時、ゴルフ関係の文筆活動の第一人者であった★バーナード・ダーウィンは、フェアウェイの2つのバンカーをスキュラとカリュブディス*に、ゴルフのゲームを地中海の航海に例えて、このローの理論を称賛した。スキュラとは地中海の海底に住むといわれる6頭の魔物で、カリュブディスとはイタリア・シシリー島沖の渦巻きである。航海の妙は、リスクを侵しても、これらの障害物をもてあそびながら、際どく避けるところにあるという。

また、このバンカーの持つ意味に心を打たれ、弁護士の仕事を返上してコース設計家に転身したというトム・シンプソンの話は、あまりにも有名である。

シンプソンもケンブリッジ出身で、後にローの思想を継いでゴルフ理論の大家となり、多くの名コースを設計する傍ら、数々の著書を残している。

マーシー河畔にアメリカ人の足音が……

ローのゴルフ界での活躍は多岐にわたった。1898年には、オックスフォードとケンブリッジ両大学のゴルフ部出身者で構成されるゴルフクラブ「OCGS（オックスフォード&ケンブリッジ・ゴルフィング・ソサエティ）」を結成。オックスフォード出身で、ゴルフの大先輩ホーレス・ハッチンソンを理事長とし、自身はキャプテンに就任した。

その翌年、誕生して間もないライGCをOCGSはホームコースとした。ローの親友のハリー・コルトがライの発起人でコース設計者、しかも初代キャプテンと名誉支配人の経験者であり、OCGSの中心人物の何人もがライの役員を兼ねていたからであった。

OCGSはこのライGCで有名な「プレジデンツパター」トーナメントを開催している。これは、OCGSのメンバーとオックスフォード、ケンブリッジ両大学のゴルフ部学生が参加する個人戦のマッチプレーで、ローがOCGS理事長（プレジデント）の職にあった1920年に彼の発案で始まった。優勝者には勝利のシンボルとしてクラシックな木製のパターが手渡され、歴代の優勝者はこれに自分の名前を記したボールを取り付ける慣わしとなっている。このパターは1891年、セントアンドリュースで開催された全英オープンで優勝したヒュー・カーカルディが使用した逸品で、当時、ローが個人的に秘蔵していたのを、このトーナメント開催に当たり寄贈した。

結成間もない1903年夏、OCGSはジョン・ローがリーダーとなりアメリカへゴルフツアーを行った。ボストン、ニューヨーク、シカゴ、フィラデルフィアを中心に当時のアメリカの著名コースを歴訪して約10試合を消化する。この訪問が、第一次大戦後の1922年より始まった英米アマの対抗戦、ウォーカーカップ開催の基盤と

＊「Between Scylla and Charybdis（スキュラとカリュブディスの間）」は進退窮まった状況を表す英熟語

なる。

帰国後、ローはアメリカのゴルフについて、「マーシー河畔にアメリカ人ゴルファーの足音が聞こえる」と表現し、近い将来、強力な大国となるであろうと予言した。マーシー河畔とはロイヤルリバプールGCのホームコース、ホイレークの東を流れる大河である。

その予言は的中し、第一次大戦後の全英オープンはアメリカ勢によって席巻されることとなった。

なお、このツアーの最も若いメンバーが日本でお馴染みのチャールズ・ヒュー・アリソンだった。オックスフォードで宗教学を専攻したが、ほとんどクリケットかゴルフで過ごしただけに、ゴルフの技量は抜群。1903年にゴルフ部を代表して遠征したアメリカでの戦績は全勝であった。アリソンは、後にロンドン郊外のストークポージズGCの支配人を務めながらハリー・コルトの設計を手伝うことになる。

ローはゴルフ理論だけでなく、そのプレーヤーとしての技量も、アマチュアとして一級品であった。事実、全英アマで3度の好成績を残している。1897年のミュアフィールド、1898年のホイレークでは準決勝に進出。1901年のオールドコースでは決勝に進み、当時向かうところ敵なしのハロルド・ヒルトンに最終の36ホール目で敗退した。

なお、ジョン・ローはウォーキングの改造以外コースの設計は行っていない。彼が理想とするコースはプレーヤーに厳しいもので、特にグリーンの形状は奥に下るものを推奨し、比較的安易な、いわゆる受けグリーンを評価しなかった。

それ故、この厳しすぎるローのコース理論に共感しない多くのゴルファーたちは、ローが積極的にコース設計活動を行わなかったことは、むしろ幸運であったと諧謔《かいぎゃく》的な評価を下している。

近世イングランドゴルフ史年表

1608	ブラックヒースGC設立（詳細不明）
1857	セントアンドリュースのクラブ対抗戦でブラックヒースGCが優勝
1864	イングランド初のリンクスコース、ウエストウォード・ホー!　がオープン
1865	内陸のコースとして最高のロンドンスコティッシュGCが設立
1869	ジョン・ロー、ハリー・コルト、ハロルド・ヒルトン生誕 ロイヤルリバプール設立
1881	ウィンブルドンGC設立
1885	ロイヤルリバプールで第1回全英アマ開催
1887	ロイヤルセントジョージズ設立
1890	全英オープンでイングランドのアマチュア、ジョン・ボール優勝 スコットランド人以外の初の勝利
1892	全英オープンでイングランドのアマチュア、ハロルド・ヒルトン優勝
1893	ロンドン郊外にウォーキングGC設立
1894	イングランド初の全英オープン開催（ロイヤルセントジョージズGC） イングランド人、ジョン・H・テイラー優勝
1896	ウイリー・パークJr. の「ザ・ゲーム・オブ・ゴルフ」が刊行される プロゴルファー初のゴルフ書
1898	ジョン・ローがオックスフォード&ケンブリッジ・ゴルフィング・ソサエティ（OCGS）を結成
1900	ハリー・バードンが全米オープン優勝
1903	ジョン・ロー、OCGSを率いてアメリカへ遠征

Bernard Darwin
バーナード・ダーウィン（1876－1961）
ジョン・ローが結成したオックスフォード&ケンブリッジ・ゴルフィング・ソサエティ（OCGS）の対抗戦勝者には、ローが寄贈した「プレジデンツパター」が贈られた。右がゴルフ文筆家のバーナード・ダーウィン

Henry "Harry" Colt
ハリー・コルト（1869－1951）
近代設計の父と言われるコルトも、ジョン・ローには一目置いていた。共にケンブリッジのゴルフ部員だった

John Low
ジョン・ロー（1869－1929）
ケンブリッジのクレアカレッジで学び、ゴルフ理論を近代化。彼の著書『Concern-ing Golf』は戦略型設計の始まりとされる

AMERICA

第三章 アメリカ編

アメリカ編 その1

新大陸の第一号プロ ウイリー・デービス

アメリカ合衆国でのゴルフの起源は「アップルツリーギャング」と呼ばれる、ジョン・リードと5人の仲間たちがセントアンドリュースGCをニューヨーク州ヨンカースに設立した1888年のことといわれている。しかし、アメリカのゴルフ史をひもとくなら新大陸のプロ第一号として1881年にイギリスから北米大陸に渡ったウイリー・デービスの功績を忘れることはできない。

1776年に13の植民地がイギリスから独立して建国したアメリカでは、南のジョージアやサウスカロライナで、その独立以前から入植したスコットランド人たちがすでにゴルフを楽しんでいた。

その証拠として、1743年にエディンバラの海運業者デイビッド・ディースが、クラブと、ボールをサウスカロライナのチャールストンへ発送したという記録がある。スコットランド最古のゴルフクラブ、オナラブル・カンパニーが設立される1年前だ。

やや時代は下がるがチャールストンには1786年に、ジョージアのサバンナには

1795年に、それぞれコースやクラブがあったことが証明されている。しかし、ここでのゴルフは現在のアメリカのゴルフに繋がるものではない。独立戦争、南北戦争*と2つの大戦を経過した後、新しい産業が芽生え、それらが軌道に乗って1890年代になってやっと現在に繋がるゴルフがその足場を固めたのである。★新大陸第一号プロは1881年にリバプールのホイレークからやって来た。名前はウィリー・デービス。

デービスは1863年、スコットランドのカーヌスティに生まれ、14歳でリバプールGCのホイレークコースへ修行に出された。ホイレークはセントアンドリュースの顔、オールド・トム・モリスの兄にあたるジョージ・モリスが、彼のパトロンであったロバート・チェンバースと共同設計したコース。所属プロは、ジョージの息子、ジャックで、デービスの師匠でもあった。ジャックは親譲りの性格から、ゲームには強くないが弟子の養成には優れていた。ウイリー・デービスはこのジャックの下でクラブ造りとコースの管理を学んだのである。

4年後の1881年、新大陸・カナダで1873年に誕生したロイヤルモントリオールGCからプロを募集する知らせが届いた。秘かに新大陸への憧れを持っていたデービスは、思い切ってこれに応募。そして多数の応募者のなかから幸運にも18歳のデービスが選ばれたのだ。

ジャック・モリスの推薦が力になったのはもちろんであるが、ロイヤルモントリオ

＊ 1861－1865年 北部11州、南部23州が対立した内戦。黒人奴隷制度が廃止された。マーガレット・ミッチェル『風と共に去りぬ』は南北戦争下のアトランタが舞台。ミッチェルとボビー・ジョーンズの墓は同じ墓園にある

ールGCのキャプテン、アレキサンダー・デニスタウンがリバプールGCのメンバーであったことも大きかった。彼は両大陸を股に掛けた貿易商人であった。

しかし、新天地での仕事はデービスの期待に反するものだった。シーズンの短さに加え、メンバー数がリバプールの500人に対しモントリオールは25人、クラブ造りや修理の仕事もキャディやレッスンの収入もわずかであった。生活が成り立たず、そのうえ直接金にならないコース管理の仕事が余分に降りかかった。

リバプールではプロの仕事とコース管理は分業体制になっていたため、これには面食らった。デニスタウンに掛け合ったが埒があかない。クラブからはメンバー数が少ないので、コース管理の専門家は採算上置けないとの返事であった。

クラブでは、相談の結果、デービスの事情を理解し、クラブの費用で彼をリバプールへ送り返すことにした。しかし、デービスはこれを断った。一旦決心して故郷を離れた以上、何としてでもこの新天地で独り立ちしなければならないと思ったからだ。

1シーズンでロイヤルモントリオールGCを離れたデービスは一時、銀行の下働きに就いたが、これも長続きしなかった。彼の特技と銀行の仕事はかみ合うはずもなかった。再度ロイヤルモントリオールGCと話をしたが、やはり条件は同じで断念した。その後ベルテレフォン社で仕事にありつき、しばしその職場に落ち着く。

1889年秋、今度はロイヤルモントリオールGCから話がきた。デービスの希望どおりに専門のコース管理スタッフを用意する条件で、プロとして帰って来ないかというものであった。しかし、シーズンの短さには変わりがない。デービスはクラブと交渉の結果、夏のシーズンはゴルフコースで働き、冬の間は今までのベルテレフォン社で働く条件でコースへ戻ることとなる。

この8年の間に新大陸でのゴルフ事情は大きく変化していた。1881年の着任当時に比べ、ロイヤルモントリオールGCのメンバー数は大幅に増加し、メンバー相手のクラブの製作費や修理代、キャディフィ、レッスンフィもかなり値上がりし、ウィリー・デービスにとって満足できるレベルにまでなっていた。

棒を振る若者、アップルツリーギャング

その頃、ゴルフと縁の薄い時代が続いていたアメリカでのゴルフ事情にも、カナダと同様、新しい動きが現れていた。アメリカのゴルフ史で、ゴルフの始まりとされるのは「アップルツリーギャング」*として知られるジョン・リードと5人の仲間たちがニューヨーク州ヨンカースでセントアンドリュースGCを結成した1888年。

その4年後の1892年には、シカゴで、★チャールズ・マクドナルドが近隣の同志を集めてシカゴGCを結成し、自らの設計で9ホールを造成。すぐに18ホールへと拡

＊ アメリカゴルフの祖は、ジョン・リード、ロバート・ロックハート、ジョン・アップハム、ハリー・ホルブルック、ヘンリー・トールマッジ、キングマン・プットナムの6人といわれる。彼らはジョン・リードの裏庭の約100ヤードほどの3ホールでプレーをはじめ、その後、30エーカーの農場を借りて6ホールを増設。人々は棒を振り回している若者に「アップルツリーギャング」のあだ名をつけたといわれる

大し、1895年には場所を移してまったく新しい18ホールが造られた。

ウイリー・デービスのゴルフ人生もこの一連の動きと深く関係している。まず1891年、デービスは請われてシネコックヒルズへ出かけ、最初の12ホールのコース建設を行った。

ウイリー・デービスは「アメリカに於ける、真の意味での最古のゴルフクラブは、アップルツリーギャングのセントアンドリュースGCではなく、このシネコックヒルズである。」と主張する。理由は、このコースが海岸に造られた最初の本格的なリンクスであること、さらに、このクラブが組織化された形態を持つ最初のものであることとしている。

翌1892年秋、デービスは新しく生まれたニューポートCCから1通の手紙を受け取った。それは、新コースの設計、建設と、その完成後はプロとしてとどまり、レッスンとコースの管理の仕事を引き受けてもらいたいという要請であった。デービスは喜んでこれを受諾し、翌年9ホールの完成とともにモントリオールを離れ、ゴルフブームの始まったアメリカへ移り住むこととなった。

デービスが移った翌年の1894年に、このニューポートCCで最初の全米アマが開催された。*形式は2ラウンドのストロークプレー。ニューポートのメンバー、W・G・ローレンスが、1打差でシカゴGCのチャールズ・マクドナルドを敗って優勝した。しかし、敗れたマクドナルドから強烈なクレームがついた。言い分は、全米アマならゲーム形式がマッチプレーでなければならないこと、さらに、コース内に存在する石の塀が〝アンフェア〟で、自分のプレーが不当に妨害された、というものであった。石の塀はノースベリック、ミュアフィールド、プレストウィックでもプレーに絡んでいる。マクドナルドの言いがかりに過ぎないが、コース設計者のデービスは仕方なくこれを除去した。

マクドナルドの主張が受け入れられ、全米アマは翌月ニューヨークのセントアンドリュースGCでの再試合となった。今度は、セントアンドリュースGCのメンバー、L・B・ストッタード*が決勝戦の最終ホールでマクドナルドを破った。しかし、再度マクドナルドからクレームがついた。今度は、主催者がいちゴルフクラブで、公式の組織体でないから正式の全米アマとはいえないというのだ。

この時、同じ場所で全米アマに続いて最初の全米オープンも行われた。そのゲーム形式はマッチプレーで、参加者はわずか4人。デービスは優勝者のウィリー・ダン・ジュニアに1回戦で敗れている。

マクドナルドの主張は再度受け入れられ、全米アマも全米オープンも無効となった。その年の12月、マクドナルドが中心となってUSGAが結成された。参加したのは、その時点ですでに結成されていた5つのクラブ、シカゴ、シネコックヒルズ、セントアンドリュース、ニューポート、それにジ・カントリークラブであった。そして、改

＊ William G. Lawrence ＊ Laurence B. Stottard　マクドナルドのクレームがなければ、最初の全米アマチャンプの称号にあずかれたかもしれない2人。彼らが優勝した大会は、同年に同名で実施された「全国アマチュア選手権」として記録に残る

めて全米アマはマッチプレーで、全米オープンはストロークプレーでUSGA主催の下に翌1895年に、当時流行の先端を行くファッショナブルな港街、ニューポートでの開催が決まった。

第1回大会は無事開催され、全米アマではマクドナルド★が念願の初代チャンピオンとなり、全米オープンではデービスのアシスタント、ホーレス・ローリンスが優勝した。デービスは11人中5位だった。彼は師匠のジャック・モリス同様、ゲームには強くないが、弟子の育成には優れていたようだ。

新大陸のコース設計家

しかし、ニューポートでの満たされた日々もあまり長くは続かなかった。1899年、ニューポートCCの理事会が奇妙な決定を行った。それは、以後デービスにクラブでの食事代と酒代のすべてを支払わせる、というものであった。

スコットランド出身のプロゴルファー全般にいえることであるが、彼らは、ゴルフ技術に優れ、クラブ造りにも長け、コースの設計、管理の腕も立派であったが、酒癖の悪さが方々で問題を引き起こしていた。デービスにもそんな匂いが感じられる。彼は、この理事会決定を嫌い、ニューポートCCを去った。

新しい働き場所はニューヨーク北部の高級住宅地ライにあるアパワミスクラブであった。デービスは9ホールのコースを18ホールに拡大、同時にコースの改良を続け、当時としては一流のコースに変貌させた。

　ここでは、デービスのコース造成・改良の技術の高さとゴルフ指導への情熱の強さが認められ、多くのクラブメンバーから敬愛されて充実した毎日を楽しんでいた。しかし、3年後の1902年に、デービスは39歳の若さで妻と3人の息子を残して、惜しまれながらこの世を去る。

　デービスの没後、1911年にこのアパワミスで全米アマが開催された。改めて、デービスの造ったコースの見事さが評判となる。優勝者はなんとデービスの故郷ロイヤルリバプールのメンバー、ハロルド・ヒルトンであった。イングランド人による全米アマの初制覇。かつてホイレークで結ばれた二人の縁を強く感じさせる出来事だ。

　デービスは新大陸での第一号プロであったが、同時に新大陸での最初のコース設計家でもあった。

　コース設計では、シネコックヒルズ、ニューポートの他、ジ・カントリークラブの原型も描いている。ニューポートの10番グリーンは当時の姿を止めており、現存するアメリカ最古のグリーンとされている。

新大陸黎明期のゴルフ史年表

1873	カナダにロイヤルモントリオールGC設立
1881	リバプールGCのプロ、ウイリー・デービスが、カナダのロイヤルモントリオールGCの所属となる。新大陸のプロ第一号
1888	米国初のゴルフクラブ、セントアンドリュースGC設立
1891	ウイリー・デービス、シネコックヒルズGCの設計にかかわる
1892	チャールズ・マクドナルドらがシカゴGC設立
1894	幻の第1回全米アマ開催。同年12月全米ゴルフ協会結成
1895	第1回全米アマ（チャールズ・マクドナルド優勝）、第1回全米オープン（ホーレス・ローリンス優勝）開催
1896	シネコックヒルズGCで第2回全米アマ、全米オープン開催
1902	ウイリー・デービス、39歳で死去

William Davis
ウイリー・デービス（1863−1902）
新大陸、初期のゴルファーたち。前列中央がウイリー・デービス。1881年に英国からアメリカ大陸に渡り、プロ第一号になる。1891年アメリカ初の本格コース、シネコックヒルズの最初の12ホールを設計

Horace Rawlins
ホーレス・ローリンス(1874−1935)
1895年全米OP初代チャンピオン。19歳のローリンスは、賞金150ドルと50ドルのゴールドメダル、カップを手に入れた

Charles Blair Macdonald
チャールズ・ブレア・マクドナルド
（1855−1939）
全米アマ初代チャンピオン。米国で初めての18ホールゴルフコースを設計・建設。全米ゴルフ協会（USGA）設立。「米国ゴルフコース設計の父」と呼ばれる

アメリカ編　その２

米国ゴルフ史を彩る２人のアマチュアゴルファー

アメリカのゴルフ史は、総本山、イギリスからの脱却の歴史でもある。１９３０年代以降に訪れるアメリカのプロゴルフ黄金時代を前にイギリスのゴルファー、そしてイギリスのゴルフに打ち勝った、ボビー・ジョーンズよりちょっと先輩の２人のアメリカ人アマチュアゴルファーを紹介しよう。

１８９５年に第１回大会を開催して以来、順調な発展を遂げていた全米アマだが、その揺籃期は、本場イギリスでゴルフを身につけたゴルファーに支配されていた。留学先のセントアンドリュースでゴルフを覚えたチャールズ・マクドナルドに続き、第２回、第３回の大会は全英オープン発祥の地、プレストウィック出身でオックスフォード卒業後アメリカに渡ってきた、マクドナルドの娘婿、H・J・ウイガムが制している。その〝イギリス支配〟の様子が変わったのは、１９００年、★ウォルター・トラビスの優勝からであった。

トラビスは元来オーストラリア人で、父親は金鉱山で働く坑夫であった。鉱山事故で父親を失い、若くして機械メーカーで働くこととなったトラビスは、数年後にニューヨーク支店勤務となりアメリカへ定住、その後、一年間のロンドン勤務を経験した。あたかもイギリスはゴルフブームの真っ只中であり、期せずしてゴルフを知ることとなった。しかし、トラビスがゴルフを始めたのはアメリカへ帰国した後にガーデンシティGCに所属してからである。この時、彼は、すでに35歳であった。

トラビスはすぐにゴルフに熱中した。ストロークの半数はパットが占めると気づいたトラビスは、特に力を入れ、あらゆるレッスン書を読み、種々のパターを試してみたという。

猛練習の甲斐あって、ゴルフを始めてわずか2年余りで、1900年の全米アマのタイトルを手に入れ、翌年も連覇、1903年には3回目の優勝を果たした。

さらにトラビスは周りに勧められてロイヤルセントジョージズGCで行われた1904年の全英アマに挑戦する。

苦難の全英アマ、アメリカ人初制覇

アメリカ人のアマチュアゴルファーにとってのメジャータイトルは、全米アマの他、全米オープン、全英アマ、全英オープンである。トラビスの挑戦は当然の試みであったのだが、この挑戦には大きな困難が伴っていた。全英アマへの挑戦は、アメリカ人によるイギリス社会への挑戦という側面も持っていたからだ。

会場のロイヤルセントジョージズへ到着したトラビスは、いきなり予想もしない事態と出会う。まず、宿泊予定のロイヤルセントジョージズホテルでは「手違いで部屋はない、宿は自分でさがすように」と告げられた。さらに専用ロッカーは用意されておらず、クラブハウスの廊下で着替え、クラブはプロショップに預けるようにと指示される。それにもまして驚かされたのが、練習ラウンドにあてがわれたキャディであった。まったく知性が感じられない若者で、しかもゴルフを知らないという。トラビスはキャディマスターにキャディの変更を申し入れるが取り上げてもらえない。そんなトラビスを救ったのは、アメリカから同行した応援団のひとりから勧められて使った1本のパターだった。ニューヨーク州北部のスケネクタディにあるGEの研究所で働くアーサー・ナイトが考案した「スケネクタディパター」*である。

パットの好調さで1回戦を無事通過したトラビスは、再度キャディの交代を申し出るが断られた。濡れた衣服を着替えたいので2回戦の開始時間を30分遅らせてもらえるようにも頼んだが、これも無駄であった。

1回戦をパスした2回戦の相手は乾いたウェアで颯爽と登場。しかし、ゲームはトラビスの勝利となる。

トラビスは順調に勝ち進み、準々決勝でアマチュアながら全英オープンを2度制し

*クラブ設計者のアーサー・F・ナイト(Arthur F. Knight)の出身地の、ニューヨーク州の地名から名付けられた

ている最大の強敵ハロルド・ヒルトンを破り、準決勝ではイングランドを代表する天才ゴルファー、ホーレス・ハッチンソンをねじ伏せ、遂に決勝進出となった。

決勝戦の相手は、アイルランドのチャンピオン、テッド・ブラックウェル。セントアンドリュースの18番でワンオンしたことがあるという名うてのロングヒッターに、パットで対抗したトラビス。実に2人のドライバーでの飛距離差は100ヤード以上。そのハンデをものともせず、この強敵を倒す。アメリカ人による、初の全英アマ制覇という快挙であった。

しかし、試合を決めたトラビスのパットがカップに吸い込まれた瞬間、拍手喝采はなかった。表彰式で、土地の有力者、ノースボーン卿は、地元ケント州の歴史をローマ支配の時代から説き起こす延々たるスピーチの最後を「この敗北はシーザーがこの地にやって来て以来、最初の不名誉な屈辱で、二度と歴史が繰り返されないことを祈る」と締めくくった。

また、この数年後、R&Aは、トラビスが使用したスケネクタディ型のパターを、違反と認定している。この後、アメリカ人による全英アマの勝利は、22年後の1926年、アメリカ生まれの純粋なアメリカ人、ジェス・スウィーツァー[*1]までない。

全米オープンを制した最初のアマチュア

アマチュアによる全米オープンの初優勝は、1913年、ボストン郊外のジ・カントリークラブでフランシス・ウィメットが実現した。この年、全英オープン5回優勝のハリー・バードンと、前年の全英オープンの覇者、テッド・レイの2人がゴルフの啓蒙のためイギリスより訪米し、各地を転戦中であった。全米オープンの優勝は、この二人のいずれかであろうと予想されていた。

2日間の4ラウンドを終了して、トップは予想どおりバードンとレイ。しかし、意外にも地元ウッドランドCC所属の20歳のアマチュア、フランシス・ウィメットも同スコアで並んでいた。翌日、3人による18ホールのプレーオフが行われ、周囲の予想を完全に覆して、ウィメットが優勝したのである。

この時のウィメットのキャディはわずか10歳の小学生、エディ・ロワリーであった。予定していたキャディが他のゴルファーに乗り換えてしまい困っていたウィメットのために、親にも内緒で学校をさぼり、キャディを務めていたのである。

苦しい戦いのなかでウィメットは、エディ少年のいじらしい激励と健気な心意気に、どれだけ勇気づけられたことだろう。イギリス人チャンピオンたちを破った瞬間、この20歳と10歳の初々しいコンビを讃える感動の嵐が巻き起こった。

試合の後、エディ少年のために感激した観衆からチップが集められた。なんと、その金額は上位の賞金額にも匹敵する75ドルにも達したという。*2

*1 Jesse Sweetser (1902 - 1989) 全英アマを制した最初のアメリカ生まれのアメリカ人選手
*2 当時の全米ＯＰ優勝賞金は３００ドル、ウィメットはアマチュアのため賞金はなかった

★

Walter J.Travis

ウォルター・トラビス
（1862－1927）
オーストラリア生まれ、35歳でゴルフを始め、約2年で全米アマチャンピオンとなる。メジャー優勝は、全米アマ3回、全英アマ1回。また、ゴルフコース設計家としても活躍。ガーデンシティGCの改修など、数多くの名コースを残した

Fransis Ouimet

フランシス・ウィメット
（1893－1967）
マサチューセッツ生まれ。7歳でゴルフを始め、20歳で全米OPをアマチュアとして初制覇。1914年、1931年には全米アマに優勝。1951年にはアメリカ人として初のR&Aキャプテンに選ばれる。
（右写真中央がウィメット、手前中央がキャディを務めたエディ少年）

アメリカ編　その3

アメリカ経済の中心都市ニューヨークのゴルフ

アメリカのゴルフは1894年のUSGA（全米ゴルフ協会）の設立から拍車がかかり、1910年代の第一次大戦を通過してそして、この急速な発展を機軸となって引っ張ったのは、1929年の金融恐慌*まで順調な発展を遂げた。USGA発足に参加した5クラブに代表されるニューヨーク、ボストン、シカゴの3都市である。中でもニューヨークの果たした役割は大きい。

ニューヨーク近郊で最初のゴルフクラブは「アップルツリーギャング」として知られる鉄鋼業者のジョン・リードが、ヨンカースに1888年に設立したセントアンドリュースGCである。中心人物のひとり、ヘンリー・トールマッジの牧場から始まったコースは林檎園の中に移され、しばらくここをホームコースとした。まったくの素人が造ったコースで、ここではハザードとなる林檎の樹を越えて打つロフトのあるク

＊　1929年9月に始まったアメリカの株価の大暴落に端を発し、同年10月24日の株式市場の暴落（通称ブラックチューズデー）で世界的にニュースに。以降3年間に、世界のGDPは推定15％減少したといわれる

ラブが重宝された。

これに対する一方の雄は、マンハッタンの東に横たわるロングアイランド[*1]の東端に造られたシネコックヒルズGC。大富豪バンダービルト[*2]を中心に、新大陸第一号のプロ、ウイリー・デービスをモントリオールから呼んで海岸のリゾート地に建設したコースである。後に南仏から来たウイリー・ダン・ジュニアが、これを改造して18ホールに拡大。セントアンドリュースGCは住宅地に近い内陸コースだが、シネコックヒルズは海岸に造られた本場のリンクスを彷彿させるものであった。2つのコースの間には大きな格差があった。

こんな話がある。1894年、セントアンドリュースGCのコースしか知らないオブライエン判事が、シネコックヒルズのメンバー、ラッセル判事に招待を受けた。プレー後にコースの感想を求められ、「ここはゴルフコースとは呼べないのではないか」とコメントした。理由を聞かれ、「林檎の樹が1本もないから」と答え、一同大笑いとなった。以後、同じ判事仲間の集まりではいつも、この話が酒の肴にされたという。

次に登場するのが、ガーデンシティGCである。開場翌年の1900年、当時では最も重要なトーナメントであった全米アマが開催され、メンバーのウォルター・トラビスが優勝した。トラビスは、その後2回全米アマを制し、1904年にはアメリカ人として初の全英アマチャンピオンとなったことは前述のとおり。彼は親友のデブルー・エメット設計の原型に改造を加え続けて現在のガーデンシティGCを造ったが、これが原因で二人の仲は決裂したといわれている。

やや時代が下がって、マンハッタンの北に位置するライのアパワミスCがアメリカゴルフ史の舞台に登場する。アメリカ人による1911年にここで開催された全米アマではハロルド・ヒルトンが優勝した。全英アマの覇者はトラビス以後、ジェス・スウィーツァー、ボビー・ジョーンズ、ローソン・リトルなど何人もいるが、全米アマを制したイングランド人はヒルトンが初めてであり、かつ、2013年にマシュー・フィッツパトリックが優勝するまでの102年間、彼ひとりであった。

この年、ヒルトンはさらに全英アマに勝利し、全英オープンでは優勝スコアに1打およばず涙を飲んだ。もし、全英オープンに勝っていればアメリカ遠征はなかったと言われている。

1911年の全米アマに話を戻すが、優勝決定戦はアメリカの若手ゴルファー、フレッド・ハーショフとの闘いとなった。午前中の18ホールで4アップとなり、途中13ホールを残して6アップとなった時点で、周りはヒルトンの楽勝と決め込んだ。しかし、ここで思いもよらぬイギリス人ゴルファーの伝統文化が足枷になった。午後に入って9月のニューヨークは温度が上がり、高い湿度でむしむしする天候となった。プラスフォアーズ（ニッカーボッカーズ）にタイを締め、ツイードの上着というゴルフ

＊1　スコット・フィッツジェラルドの小説『ザ・グレート・ギャツビー』の舞台。登場人物には女子プロゴルファーも。モデルは全米女子アマのエディス・カミングスといわれる
＊2　貧困から一代で米国最古の大富豪となった鉄道王、コーネリアス・バンダービルト。その一族

の正装で臨んだヒルトンに対し、ハーショフは半袖シャツという軽装。蒸し暑さの中でこの正装が災いしてヒルトンのゴルフに狂いが生まれ、36ホールを終了してオールスクエアとなったのだ。ゲームはプレーオフに持ち込まれ、37ホール目の1番ホールへと進む。アウトドライブされたヒルトンのウッドクラブによる第2打は右へ飛び出し、グリーンの右OBゾーンの方向へ飛んでいった。しかし、球は幸運にも左に跳ねてグリーンへオン。動揺したハーショフは第2打をダフって3オンとなり、ここで勝負が決定した。

グリーン周りで観戦したイギリス人は、ボールはグリーン右の凸凹に沿って転がり、見事にオンしたといい、アメリカ人は石に当たって方向が変わり幸運にもOBからグリーンへのオンに変わったと意見が分かれたが、クラブではそれ以来1番ホールを「ヒルトンズ・ロック」と呼んでいる。

この大会の翌週、ヒルトンはシネコックヒルズの隣に造られたナショナル・ゴルフリンクスの開場記念トーナメントへ参加、なみいるアマチュアの強豪を破って優勝を遂げ、全米アマの優勝が幸運によるものではなかったことを実証してみせた。

★偉大なるサラゼンを生んだアパワミスクラブ

このアパワミスではジーン・サラゼンが子どもの頃にキャディとして働いていた。家からコースまで4マイルと離れていたが、サラゼンは往復の道のりをクロスカントリー風にボールを打ちながら通い、毎日その打数を減らすことに努めたという。その努力が実って、1922年に20歳の若さで全米オープンに優勝している。この年にはPGA選手権（全米プロ）にも優勝したが、これにまつわるエピソードも面白い。

8月のある日、オハイオ州コロンバスのレストランで夕食をとっていたサラゼンに、あるゴルフファンが声をかけた。

「ジーン・サラゼンさんではありませんか？」

「そうだが、何のようだね」

「今頃ここで何をしているのですか？」

「ご覧のように夕食をとっている」

「明日からピッツバーグで行われる、PGA選手権には出場しないのですか」

サラゼンは夜行列車に飛び乗ったが、汽車が1時間半遅れたため、翌日1番ティーにたどり着いた時にはすでに2時間遅れだった。本来なら失格となるところであったが、全米オープンチャンピオンということで出場が認められ、晴れて優勝することができた。会場のオークモントGCの理事長、ヘンリー・フォーンズがサラゼンのスポンサーであったことも幸運であった。

サラゼンと並んでプロゴルファーをスターの座に運び上げたのが、10歳年上のウォルター・ヘーゲンである。全米オープンに1914年、1919年と2回優勝。全英オープンは1920年代に4回制覇。

ＰＧＡ選手権は１９２１年の第４回大会が初制覇で１９２４年からは４年連続で合計５回の優勝がある。最初の優勝会場は現在のケネディ空港に近い１９０１年開場のインウッドＣＣであった。その２年後にボビー・ジョーンズにとって最初のメジャータイトルとなる全米オープンに優勝したコースでもある。

ちなみに、インウッドでは今も、この偉大な二人のゴルファーの勝利をクラブの誇りとしており、ジョーンズがプレーオフの18番、池越えのパー４で見せた劇的なミッドアイアン（現在の2番アイアン）による第2打の地点（フェアウェイを外れた右ラフ）には、記念のプレートが埋められている。ジョーンズのメジャー13勝とグランドスラムへ繋がるこのショットを生んだ同じ地点から、グリーンに向かってボールを打ってみるのが、今でも遠来のビジターの習わしである。

また、２０００年に行われたクラブ百年祭では、二人のチャンピオンが活躍した当時の服装で、ヒッコリーシャフトのクラブを使ったクラブ競技会と、ＭＧＡ（メトロポリタンゴルフアソシエーション）所属で１００周年を経験した60クラブの対抗戦が開催されている。

１９２３年のＰＧＡ選手権は、アパワミスに近いペラムＣＣで行われた。当時マッチプレーで争われたこの大会の決勝戦はサラゼンとウォルター・ヘーゲンの顔合わせとなった。観客にとってはこれ以上ない組み合わせである。勝負はエキストラホールに持ち込まれる文字どおりの死闘の末、サラゼンの勝利で終わった。ペラムではこれをクラブの歴史を飾る名勝負として記録にとどめている。なお、敗れたヘーゲンは翌年から前人未踏の4連勝をなし遂げた。

1923年の勝利を最後にサラゼンは長いスランプに陥った。しかし、復活となった1932年には、自分で考案したサンドウェッジを使って、全英オープンと全米オープンの両方に勝利している。この年の全米オープンはロングアイランドの北岸にあったフレッシュメドウCCで行われたが、このクラブに所属していたサラゼンはいわゆる〝ホームコースジンクス〟を避けるため、マナセット湾の対岸にあるレークビルCCへわざわざ所属を移した。その甲斐あって、念願の全英、全米両オープンの同年制覇を実現することができたといわれている。

ちなみにボビー・ジョーンズもまた、ニューヨークに馴染みの深いゴルファーである。1929年、ボビー・ジョーンズはマンハッタンの北、ウィングドフットGCで全米オープン3度目の勝利をプレーオフで手に入れた。ジョーンズがプレーオフ出場を決めた、最終ラウンド18番のロングパットは歴史に残る名パットとされ、有名なゴルフ絵画として残されている。もし、このパットが入っていなければ、ジョーンズはこの年に現役を引退し、翌年のグランドスラムは当然なかったといわれている。

今も活躍中。ニューヨーク近郊のゴルフコース

全米オープンの会場となった1929年のウィングドフットGC、1932年のフレッシュメドウCCは共に名設計家A・W・ティリングハストの設計で、コース設計・建設の黄金時代と呼ばれた第一次大戦から1920年代にかけての時期の作品である。この頃からメジャー競技に使われるコースは際立って質の高いものに変わってきた。ウィングドフットは現在も健在であるが、フレッシュメドウは住宅開発で姿を消し、クラブはサラゼンがジンクスから逃れて所属したレークビルのコースに移動、ここをホームコースとしている。ちなみに、このコースは日本で有名なチャールズ・ヒュー・アリソンの設計である。

ニューヨーク近辺で、現在全米オープンに使用されるコースはシネコックヒルズ、バルタスロール、ウィングドフット、ベスページ（ブラック）である。シネコックヒルズはメリオンの建設でヒュー・ウイルソンを助けたウィリアム・フリンの傑作だが、他はすべてティリングハストの作品だ。

米国で初めて撮影されたゴルフシーンといわれる。はじめは牧場、そして林檎園に移転したジョン・リードたちのセントアンドリュースGCも、当時はこのような姿だったのだろうか

Walter Hagen
ウォルター・ヘーゲン
(1892−1969)
メジャー11勝、通算勝利数60以上という名プレーヤー。そのショーマンシップが人気を呼び、プロゴルフの人気は急上昇。ライバルのサラゼンは彼を「プロゴルフ界の恩人」と評した

Gene Sarazen
ジーン・サラゼン
(1902−1999)
史上初のグランドスラマーとして名高い。また、日本を含む世界各地でゴルフ振興のための模範競技を行った尽力者。サンドウェッジの発明者としても知られる

アメリカ編　その4

ペンシルベニアから始まったアメリカゴルフコース設計の歴史

ゴルフの進歩とコースの近代化は車の両輪といえる。
質の良いコースがなければ、
どうしてもゴルフは正しい方向へ進むことができない。
そこで、アメリカのコース設計の歴史をひもとくと
「ペンシルベニアン・インフルエンス」という言葉に出合う。
ペンシルベニア州に現れた多彩な面々こそが
アメリカのゴルフコースの歴史に、明確な流れを作ったのだ。

新大陸の第一号プロであるウイリー・デービスから始まったアメリカのコース設計は、極めて初歩的なものであった。それがやがて、ハーバート・リーズ設計のマイオピアハントやデブルー・エメットのガーデンシティで大きく進歩し、チャールズ・マクドナルドのシカゴGCやナショナルGLが近代化へのマイルストーンとなる。そして、そのコース設計の流れはペンシルベニア州の東西両端で、より明確なものとなっていった。

まずは、西に位置する鉄鋼業の中心都市ピッツバーグ。1856年生まれの鉄鋼業者ヘンリー・フォーンズは、義兄の会社で仕事を覚え、次に弟のウイリアムと新会社を設立。

フォーンズは大当たりした会社を1896年に鉄鋼王カーネギー所有の「USスチール」に売却して大きな利益を得た。その後は、鉄鋼会社数社と2つの銀行の役員を兼任し、自由時間も十分手に入れた。

さらに、カーネギーとの親交はフォーンズに、ゴルフという趣味ももたらす。カーネギーは熱心なゴルファーで、同業のジョン・リードがニューヨークに造ったセントアンドリュースGCのメンバーだった。

彼らはスコットランド北部に豪華な別荘を構え、夏の休暇にはロイヤルドーノックでゴルフを楽しんでいた。

ゴルフに取りつかれたフォーンズは、1903年にオークモントGC★を結成、翌年にはピッツバーグ郊外のアリゲニー河を見下ろす高台に、18ホールのゴルフコースを建設した。彼の理想は、スコットランドのリンクスをモデルとする樹木のない雄大なコースで、しかも世界一難しいコースであった。図面は土地の買収以前から、理想のコースとしてフォーンズが描いていたといわれる。

完成したコースは、フォーンズがその大工事を陣頭指揮しただけに、一躍ゴルフ界の注目を集める素晴らしいものだった。

ペンシルベニアが誇る2つの難コース

一方、ペンシルベニア州東の中心都市フィラデルフィアにも、新しい動きが起きていた。まず注目すべきは、メリオン・クリケットCである。

「一流のゴルフコースを建設しよう」と目指したクリケットクラブは、ゴルフコースの本質を間接的ではなく、直接入手するために、本場イギリスへメンバーの一人を派遣することにした。そして選ばれたのが、ヒュー・ウイルソンである。

保険会社に勤めるウイルソンは、プリンストン大学ゴルフ部でキャプテンを経験した人物でイギリス派遣に選ばれた理由はゴルフの腕と勤務時間の余裕にあった。

1910年の出発に先立って、ウイルソンはロングアイランドの東端にナショナルGLを建設中のマクドナルドを訪ね、イギリスの訪問先について教えを請うた。7カ月の滞在で十分な資料を入手したウイルソンの報告に満足したクラブは、コースの設計・建設をすべて彼に任せることにした。こうして完成したのが名コース、★メリオンGCである。

この名コースは、全体に均整のとれたレイアウト、随所にリンクスの風情を醸しだすアンジュレーション、バンカー内に植えられた丈の高いパンパスグラス、ピン先端のフラッグ代わりのバスケットと、幾つものユニークな特徴を備えている。1930年にボビー・ジョーンズが、グランドスラムを達成したコースとしても知られている。

そして1912年、フィラデルフィアの別のグループによって、歴史的なコース建設が始められた。

　当時、ニュージャージー州の海岸リゾート地アトランティックシティのゴルフコースに汽車で通っていたこのグループのメンバーたちは、何とか1年を通してプレー可能な一流コースを、近辺に持ちたいと願っていた。中心人物はホテルオーナーのジョージ・クランプ。ゴルフの他、釣りと猟を趣味としていた。

　ある日、猟に出掛けたクランプは、フィラデルフィアに近いニュージャージーの片田舎、クレメントンに、白砂に覆われた理想の土地を発見した。かつては海底であった一角が隆起してできあがった砂地で、中には小川も流れている。

　すぐにゴルフクラブが結成され、141人が集まる。そして、現地調査の結果、クランプの設計によるコース建設が決定された。クランプは現場にテントを張って泊まり込み、直接監督するばかりか、所有のホテルを売却して建設資金を造るなど、すべてをこのコースの完成にささげた。

　設計の最終チェックは、当時イギリスでコース設計の第一人者といわれていたハリー・コルトに依頼。コルトは遥々イギリスから建設現場までやってきたのだが、建設作業は予想以上に難航した。

　コースが14ホール完成した所でクランプは肺炎を患い、志半ばで他界してしまう。残されたメンバーたちは追加資金を集めて、残り4ホールをメリオンのヒュー・ウイルソンに委ねた。クランプの設計意図を忠実に守ったウイルソンがコースを完成させたのは1919年。実にクラブの結成から7年の歳月を経ていた。
このコースこそが世界のコースランキングでトップに君臨し続ける難コース、パイ★ンバレーGCである。

ペンシルベニアが生んだ2人の偉大な設計家

もう一つ、フィラデルフィア郊外に歴史上注目すべきコースがある。ゴルフブームがアメリカに起きた1908年、あるゴルファーの一行が、父親の経営する銀行で働きながらバラの研究を続けていたジョージ・トーマス・ジュニアを訪ねた。彼の土地にゴルフコースを造りたいというのだ。自分が設計することを条件にトーマスは提案を受け入れ、住まいをクラブハウスに提供した。こうしてできあがったのがホワイトマシューバレーCCである。

トーマスはパインバレーの最初のメンバー141人の一人で、ジョージ・クランプの友人であった。またメリオンのヒュー・ウイルソンとも親交があり、コース設計・建設はマサチューセッツ州ですでに経験済みであったし、所属していたフィラデルフィア・クリケットCが新コース建設をドナルド・ロス設計で行った際、トーマスはコース委員長としてロスの設計思想に触れる機会を与えられていた。

トーマスは、第一次世界大戦にアメリカ軍のパイロットとして参戦したが、自分の隊の支出を自費で賄ったほど裕福であった。大戦後はロサンゼルスに移り、バラの研究に関する著書と多数の新種を発表する傍ら、ロサンゼルスのビッグ3と呼ばれるロサンゼルスCC、リビエラCC、ベルエアCCなどを設計したが、設計料は生涯に渡って一切受け取っていない。

フィラデルフィアはさらに、偉大な設計家を誕生させている。A・W・ティリングハストである。

富裕な家庭の一人息子であったティリングハストは働く必要もなく、30歳を過ぎるまで幅広い趣味を楽しんでいた。ゴルフとの出合いは旅先のセントアンドリュースで、かの有名なオールド・トム・モリスから手ほどきを受けたときであった。

コース設計の手始めは、1908年のシャウニーCCである。親戚がデラウエア河上流のリゾート地ポゴノでコース建設を計画し、これをティリングハストに依頼したのである。出来ばえに自信を持ったティリングハストは、ニューヨークに事務所を設け、本式にコースの設計・建設の仕事に乗り出した。彼にとって人生最初の〝仕事〟であった。

ティリングハストの名作は数多い。そして、その多くが現在でもビッグトーナメントの会場に使用されている。全米オープンを何度も開催したウィングドフットGCとバルタスロールGC、ベスページSPGC《ステートパークGC》(ブラック)。そして西海岸最高の内陸コース、サンフランシスコGCと枚挙に暇がない。アメリカ最高の設計家と評価されて

＊「ブルーム・フィールド」というハイブリッドを含む約1200品種のバラを栽培し、バラに関する著書も2冊残した

いるのも当然だろう。

やさしく改造されても難コース、オークモントCC

ペンシルベニア州の西へ、もう一度、目を向けてみよう。

オークモントを造ったヘンリー・フォーンズの息子ウイリアムは、長年挑戦し続けた全米アマを1910年に制覇した後、オークモントでコース委員長となり、このコースを「世界一の難コース」にするための仕事に取り組んだ。ウイリアムがそのアシスタントに選んだのは、オープン以来キャディとして働いていた〝ダッチ〟。本名はエミール・レフラーであるが、ドイツ系移民の息子のためこの愛称で呼ばれていた。

陽の長い夏の間、ウイリアムはクラブハウスに泊まり込み、夕方からダッチと二人でコースを回るのを日課とした。そして、より難しくするために必要な改造を確認しては、翌日からこれをダッチに実行させた。

かくして、バンカーは300以上となり、排水の悪い箇所に溝が掘られ、溝は新しいハザードとなった。グリーンにはより厳しい傾斜を付け、ローラーで固めて一段と速くした。さらにダッチのアイデアでバンカーレーキの底を波状にし、ならした後のバンカーに波形の畝ができるように工夫した。これら一連の改造で、間違いなしにオークモントは世界一の難コースとなった。

残念なことに、フォーンズ親子の死後、オークモントは大幅な改造を断行。多くのバンカーが埋められ、件のレーキは廃止、グリーンの形状はより緩やかにしかも遅く、コースには樹木が植えられ、リンクス風からパークランド風へ変身した。しかし、それでも依然として、世界の難コースであることに変わりはない。パインバレーでも、開場の2年後にコースの改造が行われている。しかし、これはコースをより完璧なものにするためのもので、コンサルティングを依頼されたのはロンドンのハリー・コルト事務所であった。事務所では日本でお馴染みのチャールズ・ヒュー・アリソンを派遣して、いくつもの改造案を出したが、結果は生前のクランプの意思が尊重され、グリーンの形状を含めて、改造は最小限にとどめられた。

パインバレー改造のために設置された小委員会には外部からただ一人、ウイリアム・フォーンズが参加している。一生をアマチュアゴルフの発展のために投じたウイリアム・フォーンズの栄誉は、全米アマの制覇やUSGA会長の要職を経験したことよりも、オークモントとパインバレーというこの2つの難コースの誕生に、直接関与し得たことかもしれない。

Oakmont
Country Club
オークモントCC
1903年設立
ヘンリー・フォーンズ設計。全米アマ、全米プロ、9回の全米OP開催コース。米国ゴルフマガジンによるベスト100コースの上位にランクインするコース

Merion Golf Club
メリオンGC
1912年設立
ヒュー・ウイルソン設計。イースト、ウエスト、2つの18ホールを持つ名コース。特にイーストコースは距離は長くないものの難易度が高く、5度、全米OP開催

Pine Valley
Golf Club
パインバレーGC
1913年設立
ジョージ・クランプ設計(監修・ハリー・コルト)。米・ゴルフ雑誌が選ぶトップ100コースの1位に何度も選出される名門コース。敷居が高いコースで、プロのトーナメント開催もされていない

アメリカ編　その5

シカゴから見た全米オープン

近年の全米オープンは特別な場合を除けば、十数コースを10年以上の間隔で回り歩いているが、シカゴでの開催は17年前のオリンピアフィールズCC以来ない。それもなんと75年ぶり。かつて全米オープンと大きなかかわりをもっていたシカゴについてその歴史と意義を考察してみよう。

シカゴ地域で全米オープン会場になったのは全部で8コース。これはニューヨーク近辺の10コースに次いで高い数字である。ここにも、初期段階からアメリカのゴルフ界でシカゴの果たした役割の大きさが現れている。ここではこの8コースを軸にして、全米オープンの歴史を眺めてみよう。

初期のシカゴのゴルフ界を語るには、この4人の名前が欠かせない。一番目はなんといっても〝ゴルフ界のシーザー〟と呼ばれた、チャールズ・マクドナルド★だ。セントアンドリュースへの留学経験をもつマクドナルドは、シカゴGCの創設者であり、全米ゴルフ協会（USGA）の生みの親にして、全米アマの初代チャンピオン。実質的にアメリカのゴルフの父といえる人物である。ニューヨークに移住後、ロングアイランドでのナショナルGL建設の話は有名であるが、彼の最初のコース設計はシカゴGCのベルモントコースであった。しかし、18ホール完成の翌年、クラブは場所をウィートンへ移し、新コースで再出発したため、現在のコースは最古のものではない。他の3人はすべて、このマクドナルドに結びつく。

まず、H・J・ツイーディ。彼はロイヤルリバプールGCに所属、同じクラブメンバーのマクドナルドとは知己の関係にあった。1887年にイギリスからシカゴへ移り、スポルディングの運動具店を運営しながらゴルフコースの設計・建設に関与した。最初の仕事は、自分もメンバーであったシカゴGCが移動した後のベルモントコースを引き継いで改造し、ベルモントGCとしてスタートさせたことであった。ここがシカゴ地域で最も古いゴルフコースである。以後、彼は歴史的に由緒あるコースを多数造っている。

次の人物ジェームス・フォウリスはセントアンドリュース出身。父親がオールド・トム・モリスのショップで35年働いたことから、5人の兄弟全員がオールド・トムから直にゴルフを習ったという一家の長男である。兄弟の中で最も秀逸であった彼は、1895年にマクドナルドに誘われてアメリカに渡り、シカゴGCのプロとなった。そして翌年、シネコックヒルズで行われた第2回全米オープンで優勝している。

シカゴではコース設計の他、次弟のデイビッドと組んでニブリック付きマッシー（5番アイアン）を中心とする「J&Dフォウリス」ブランドのクラブを販売。セントアンドリュース出身であることと全米オープン覇者の肩書きで事業は大成功し、1920年代まで続いている。

3人目はH・J・ウイガム。スコットランドのプレストウィックでは有名なゴルフ一族の出身で、父親はセントアンドリュース留学以来、マクドナルドの親友であった。オックスフォード大学卒業後、シカゴへ渡り、シカゴトリビューン紙に演劇評論を寄稿したり、大学で政治経済学を講義したりと多才ぶりを発揮したが、その後は特派員として日露戦争を含む数々の地域戦争の現場へ赴き、一時はカリブ海で捕虜となったこともある。全米アマにはオンウエンシアから参加して、1896年、1897年と連覇、翌年にはホームコース、オンウエンシアの18ホールへの改造に参画。この仕事を通じツイーディやフォウリス兄弟にコース設計論で多大な影響を与えた。後年、ナショナルGLの建設でマクドナルドを助け、その後、彼の娘と結婚している。

シカゴでの全米オープン開催コースは、いずれも以上の4人と深い関係がある。

1895年にニューポートCCで始まった全米オープンは、翌年シネコックヒルズGCで行われ、前述のごとくジェームス・フォウリスが、優勝カップを初めてシカゴへもたらした。

そして、第3回の舞台は、シカゴ地域での最初の開催となるシカゴGC。優勝したのは、ボストンのエセックスCCの所属ながら、冬場は南フランスの避寒地ビアリッツで過ごす渡り鳥ゴルファー、ジョー・ロイドであった。

この後、会場は、ボストンのマイオピアハントC、メリーランド州のボルティモアCCと東部の名門を回って、世紀の節目1900年に再びシカゴGCへと帰る。このときの優勝者は本場イギリスから参加したハリー・バードンであった。この後、移民ではなく、本国から参戦したイギリス人の優勝は、現在に至るも1920年のテッド・レイ、1970年のトニー・ジャクリン、2013年のジャスティン・ローズの3人のみである。

シカゴでの次の開催は1904年、ツイーディ設計のグレンビューCとなる。優勝したウイリー・アンダーソンはマッセルバラからの移民ゴルファーで、この頃はニューヨークのアパワミスCに所属していた。この1901年に初優勝した後、1903年からは3連勝。この記録は現在も全米オープンの連勝記録として破られていない。「アメリカのゴルフ史上最強のゴルファー」といわれるのもうなずける。

全米オープンは、1年置いた1906年もシカゴで開催され、オンウエンシアが会場となった。ジェームスとロバートのフォウリス兄弟が1896年に設計した9ホールを、2年後、マクドナルドと縁の深いツイーディとウイガムがフォウリス兄弟に加わって18ホールに改造したもので、この時代を代表するものであった。

優勝したアレックス・スミスはウイリー・アンダーソンの親友で、かつ第一のライバルでもあった。彼はカーヌスティから移民してきたスミス兄弟の次男で、兄のウィリーも1899年に全米オープンを制している。

シカゴが生みだした2人のスーパースター

アメリカ生まれの最初の優勝者を誕生させたことで歴史に残る1911年の全米オープンは、3度目となるシカゴGCでの開催であった。優勝したジョン・マクダーモットはフィラデルフィア生まれで、海岸のリゾート、アトランティックシティGC所属のプロ。翌年の大会でも勝利したが、その後は急速に落ちぶれ、悲劇のチャンピオンとされている。

しかし、19歳10カ月での優勝は今も最若年記録である。全米オープンの連覇は、このマクダーモット以外には、前述の3連覇したウイリー・アンダーソン、2連覇のボビー・ジョーンズ、ラルフ・グルダール、ベン・ホーガン、カーティス・ストレンジとブルックス・ケプカの6人しかいない。

次にシカゴで行われた大会も歴史的なものとなった。第一次大戦直前の1914年の会場は、やはりツイーディ設計のミッドロシアンCCであった。その前年、弱冠20歳のアマチュア、フランシス・ウィメットが劇的な優勝を飾って爆発的なゴルフブームが巻き起こり、ゴルフ大発展が緒についた時期である。

優勝したウォルター・ヘーゲンは、前年の大会で涙をのみ、プロ野球選手を目指して特訓中であったが、ある贔屓筋にもう1年だけトライしろと激励され、顔を立ててしぶしぶ参加した。この優勝が、これまでにない派手な新型プロを誕生させた。彼は大戦明けの1919年にも優勝し、プロゴルファーとしての地位を確実なものとする。

シカゴはもう1人の新型プロ、ジーン・サラゼンも生み出している。1922年の大会はスコーキーCCで行われ、予想を覆して優勝したのが20歳のプロ、サラゼンだった。コースは「日曜の午後に18本の杭を打つ」と陰口を叩かれた粗製濫造のトム・ベンデロウの設計をドナルド・ロスが改造したものである。

次の大会は1928年のオリンピアフィールズCC。全英オープンを2度制したウイリー・パーク・ジュニアが1917年に設計したコースで、アメリカに造られたパークの作品の中では、ロングアイランド東端にあるメイドストーンCと双璧とされる。初代のグリーンキーパーが、ジェームス・フォウリス、所属プロが、ジャック・ダレイという顔ぶれであった。

ダレイはコースがクローズする冬場はメキシコ湾に面した南部、ミシシッピー州のビロクシーGCでプロとして働いたが、ここで、後のアメリカ大統領で当時プリンストン大学の学長であったウッドロウ・ウイルソン、メジャーリーグの大スター、タイ・カップ*などにゴルフを指導している。彼はコース設計にも大いに関心を持ち、ツイーディやフォウリスの強い影響を受けながら、多年にわたってこのシカゴのコース、オリンピアフィールズCCを改造し続けた。

ここでの全米オープンの勝者は★ジョニー・ファレルであったが、ファレルの優勝よりも、プレーオフで敗れた、ボビー・ジョーンズに注目が集まった大会であった。ジョーンズはすでに１９２３年、１９２６年と全米オープンを２度制していたが、１９２５年にもボストンのウースターＣＣでウイリー・マクファーレンにやはりプレーオフで敗退し惜しい勝利を逃がしている。

ロンドンのハリー・コルト事務所を代表してアメリカで１９２０年代に活躍したチャールズ・ヒュー・アリソンは、日本では設計界の偶像的な存在であるが、全米オープンの会場となったアリソンのコースといえば、１９３３年のノースショアＣＣのみである。この他、彼の設計で重要な大会の会場となったものは、ウォーカーカップを開催したミルウォーキーＣＣくらいで、アリスター・マッケンジーの華やかさに比べるとなんとなく影が薄い。

このノースショアの大会は第二次大戦前シカゴで行われた最後の全米オープンであり、優勝したジョニー・グッドマンは、全米オープンで優勝した最後のアマチュアである。

復活が期待されるシカゴの全米オープン

第二次大戦後は活気にあふれた戦前に比べシカゴでの開催は極めて稀となった。現

＊ "Ty" Cobb（1886 - 1961）は、米・ジョージア州出身のプロ野球選手（外野手）。アメリカ野球殿堂入りの第1号選手の一人。ウォルター・ヘーゲンが目指したメジャーリーグは１９１０年代は人気低迷、その復活はベーブ・ルースの登場まで待つことに

在まで4回しか行われず、そのうち3回はメダイナCCの№3コースである。最初が1949年で、優勝したのは〝ドクター〟ミドルコフ。この年の春、前年リビエラCCで全米オープンに優勝し、無敵を誇り始めたベン・ホーガンが、不慮の自動車事故*で出場不能となった大会でもあった。しかし、鉄人ホーガンは翌年のメリオンGC、その次のオークランドヒルズCC、そして1年置いたオークモントCCと全米オープンを制覇して不死鳥のごとく甦り、生涯4勝をあげている。

メダイナでの2回目の全米オープンは1975年で、ジョン・マハフィをプレーオフで破り、ルー・グラハムが優勝。3回目は1990年で、ウイリー・アンダーソン以来の3連覇のかかったカーティス・ストレンジを抑えてヘール・アーウィンが優勝。このアーウィンの優勝は、45歳と15日という最年長記録である。

全米オープンを開催するコースが限定され、しかも開催の頻度が極端に低くなったシカゴ。そのシカゴにとって、2003年にオリンピアフィールズが75年ぶりに会場として表舞台に帰ったことは、第二次大戦後のこれまでの流れを変えるもので、強い新鮮味を感じさせるとともに、大きな期待感を抱かせてくれる出来事だったが、すでに2027年までの開催コースが発表されているなか、残念ながらシカゴの予定はない。

＊ バスとの正面衝突による事故。骨盤、鎖骨、左足のくるぶし、肋骨等を骨折。当時の主治医は、競技に参加することはもちろん、歩くことも難しいのではと診断したといわれる

Johnny Farrell
ジョニー・ファレル
(1901 – 1988)
1928年、当時、最強のボビー・ジョーンズをプレーオフで破り、全米OPチャンピオンとなる。ゴルフ界のベストドレッサーと言われた

Charles Blair Macdonald
チャールズ・ブレア・マクドナルド
(1855—1939)
アメリカで最初の本格的18ホールコース、シカゴGCの創設者(1892年)。シカゴ育ち

Olympia Fields Country Club
オリンピアフィールズCC　シカゴ　1915年開場　ウイリー・パーク・ジュニア設計
2003年、75年ぶりに開催された全米OPでは、ジム・フューリックが優勝

アメリカ編　その6

1921年全米オープンが物語る草創期のアメリカゴルフ

ワシントンDC近郊では、これまでに、3つのコースで全米オープンが開催されている。最初が1899年のボルティモアCC、次が1921年のコロンビアCC、そして1964年、1997年、2011年のコングレッショナルCCである。中でも、1921年の全米オープンは、大発展を遂げようとしていたアメリカのゴルフ事情を知る上で、大きな意味を持つ大会であった。

ヨーロッパが第一次世界大戦で混乱していた1916年、アメリカではデパート王のロッドマン・ワナメーカーがスポンサーとなって、マッチプレーによるPGA選手権（全米プロ）が発足した。

マッチプレーにしたのは、当時イギリスで権威のあったタブロイド紙、ニュース・オブ・ザ・ワールドが主催する★PGAマッチプレー選手権★を模範としたからである。名誉ある初代優勝者はジョック・ハチソンを破ったジム・バーンズであった。その後、ＰＧＡ選手権は１９１７年、18年と2年連続で第一次世界大戦のため中止、大戦終了後に再開された１９１９年にもバーンズが優勝している。

この大会が現在のようなストロークプレーに変更されたのは、テレビ中継の開始された１９５８年からである。テレビ中継にはストロークプレーが向いているということだろう。

ワシントンの名門、コロンビアＣＣ

そのＰＧＡ選手権の初代優勝者であるジム・バーンズが、全米オープンに勝ったのが、１９２１年、ワシントンＤＣの北、メリーランド州のシェビーチェースにあるコロンビアＣＣでの大会だった。

コロンビアＣＣは、ウォルター・ハーバンの設計した旧コースから出発している。コース設計者としてのハーバンは大変な変わり種だ。１８５７年生まれで本業は歯科医。開業した場所がワシントンということもあり、数人のアメリカ大統領の専門歯科医を務めた人物である。ゴルフが趣味で、芝の研究家でもあった。

そのハーバンの親友、ウイリアム・タッカーの話をしよう。タッカーはハーバンより14歳若く、ロンドン出身のグリーンキーパー。コロンビアＣＣの改造や芝の研究でハーバンに協力した人物だ。父親は芝の育成・管理を専門とし、ウィンブルドンＣＣで働いていた。

その父親から芝の知識を授けられたタッカーは、ゴルフの腕前も確かで、ロンドンでは20歳より前にクラブプロも経験していた。

ゴルフコースの建設ではトム・ダンとウイリー・ダン・ジュニアの仕事をイギリス、フランス、スイスで手伝い、設計・建設の基本も身に付けている。その後、1895年にゴルフブームの始まったアメリカへと移民。ニューヨークのセントアンドリュースGCでプロとして働いていた兄・サミュエルに合流後、自身もグリーンキーパーとして働く傍ら、兄弟で「ディファイアンス」ブランドのゴルフクラブを製作、販売し、大きな成功を収めている。

1898年、セントアンドリュースGCが歴史的に有名な林檎園から離れて新コースを建設する際、その中心人物であったジョン・リードと共に主要メンバーであったハリー・トールマッジに共同設計を依頼される。完成後、タッカーはグリーンキーパーとしてとどまり、コース改造を続けた。

1900年代初期にワシントンに移ったタッカーは、前述の歯科医、ハーバンと邯《かん》鄲《たん》合い照らす仲となり、コース設計・建設・改造および芝の研究で協力し合うようになったのだ。

ワシントン近郊に、ハーバンとタッカーの2人が共同設計した新しいコースには、バノックバーンG&CC、アーガイルCCといった典型的なスコットランド名が付けられている。

バノックバーンは1314年にスコットランドの英雄ロバート・ザ・ブルース*がイングランドのエドワード2世を襲撃した場所であり、アーガイルは靴下の大きなチェック模様に名前が残るスコットランドの有名なクラン（家柄）名である。当時のアメリカ人が抱いていたスコットランドへの強い郷愁がゴルフを通して窺える。

プロゴルフ界を席巻した〝ロング・ジム〟バーンズ

1910年代に入り、コロンビアCCに新コースが建設された。設計者のハーバード・バーカーはイングランドのヨークシャー出身のゴルファー。いくつものアマチュアタイトルを手にした後、アメリカに渡り、1908年から1911年までニューヨークの名門ガーデンシティGCの所属プロを務めていた。

しかし、アメリカのゴルフのレベルはバーカーが予想していた以上に高く、なかなか試合での勝利には結びつかなかった。

そこで目をつけたのがアメリカではいまだに遅れているコース設計であった。手始めの仕事となった、このコロンビアCCの新コースは、同時に彼の代表作といわれている。

その後、かつてバーカーを雇ったガーデンシティGC所属の実力者、ウォルター・トラビスが、この新コースの改造に着手。要所要所にバンカーを追加して難コースに

＊ Robert I　ロバート1世（1274－1329）スコットランドを独立国家として回復するために戦い抜いた最も偉大なスコットランド国王、国民的英雄として記憶されている

変身させ、1921年の全米オープンを迎えた。

こうして開催された全米オープンは、★ジム・バーンズの一人舞台に終わった。第1ラウンドからトップを守り続け、2位のウォルター・ヘーゲンに9打差の堂々たる優勝であった。細身で長身だったため〝ロング・ジム〟と呼ばれたバーンズは、イングランドの南西部に位置するコーンウォールの西端にあるリンクス、ウエストコーンウォールGCの近くで生まれている。ゴルフを本格的に始めたのはアメリカへの移民後で、20歳に近い年齢であった。

しかし、上達は早く、PGA選手権に2回、全米オープンに1回優勝、また、全英オープンにも1回勝利している。

このバーンズが勝った1925年の全英オープンは、特別な語り草となっている。プレストウィックで行われた大会は、バーンズとカーヌスティ出身のマクドナルド・スミスとの激しい優勝争いとなった。

マクドナルドは有名なスミス3兄弟の末弟で、2人の兄はともに全米オープンの覇者であったが、彼だけがメジャータイトルを手にしていなかった。

5打リードして最終ラウンドをスタートしたスミスは地元スコットランドの出身ということで、観客は大いに興奮した。会場は収拾のつかない状況となり、スミス自身も自分のゴルフを見失ってしまった。結局スミスはバーンズに逆転され、3打離された4位で終わっている。

これが観客整理用のロープが使われた最初であり、全英オープン発祥のコースで行われた最後の大会でもあった。

クラブプロからトーナメントプロへ

第一次大戦を挟んだ時期、アメリカでプロゴルファーの3強といえば、このバーンズと、ジョック・ハチソン、ウォルター・ヘーゲンである。ハチソンの故郷はセントアンドリュースであったが、1904年、20歳でアメリカに移民している。その時すでにゴルフの腕前はなかなかのものであったという。

その17年後、イギリスでトライアンビレート（三巨頭）の時代も終わった1921年、セントアンドリュースで開催された全英オープンにハチソンは優勝し、見事、故郷に錦を飾っている。この優勝は、アメリカ国籍を持つゴルファーによる最初の全英オープン制覇として、ゴルフ史に記録されている。

またハチソンの優勝は、グリーン上でのボールの止まり方が異常ではないかと、物議をかもしたことでも知られている。「アイアンに刻まれた溝が、ルールに適合しているとはいえ、ゴルフの精神に反するのではないか」と論議され、溝の形状を規制するルールができるきっかけとなった。

この大会が全英オープン初出場だったボビー・ジョーンズは、第3ラウンドの11番パー3でティーショットをグリーン左の有名な「ヒルバンカー」に入れ、脱出にてこずり、スコアカードを破ってゲームを放棄した。

ハチソンはこの他、1920年にシカゴのフロスモアCCで行われたPGA選手権、ウエスタンオープンでは2度の勝利を手にしている。

ハチソンはまた、1963年から10年間、1908年の全米オープンチャンピオン、フレッド・マクレオッドとペアでマスターズトーナメントの名誉スターターを務めたことでも知られる。

3強の中で唯一、アメリカで生まれた生粋のアメリカ人がウォルター・ヘーゲンである。ヘーゲンは当初、プロ野球選手を目指していたが、1914年の全米オープン優勝を機にゴルフに専念したという異色のプロ。

その後、1919年にも全米オープンを制し、PGA選手権では1921年に初優勝、1924年からは、現在も記録として残る4連勝を達成した。

全英オープンではボビー・ジョーンズと競い、1922年、24年、28年、29年に価値ある4勝をあげている。

ヘーゲンはクラブプロとして稼ぐのが一般的であった当時、賞金を狙ったトーナメントプロを指向した最初のプロであった。

この3強に続くのが、20歳の若さで颯爽と登場し、1922年の全米オープンとPGA選手権を制した、ジーン・サラゼンである。彼もまた、トーナメントやエキシビションで稼ぐことを目指した、新しいタイプのプロであった。

"芝"にも貢献したコロンビアCC

コロンビアCCを築いたハーバンとタッカーの2人に話を戻そう。後に、彼らの研究はアメリカの芝の発展にも、大きく貢献している。

ハーバンはコロンビアCCの役員を務めながら、連邦政府農務省の芝に関する顧問役を兼務。USGAに、芝の研究と、所属クラブに対して芝に関するコンサルティングを行う部署を設置するように提案した。

これが現在の「USGAグリーンセクション」の原型で、彼は終生ここの役員を務めた。特にグリーン用に使われる新種の芝の研究開発ではかなりの成果を挙げ、幾種類もの新品種を残している。

タッカーもまたハーバン同様に芝の権威として有名となり、ゴルフコース設計・管理以外でも、ニューヨークに造られた野球場「ヤンキースタジアム」や「フォーレストヒルズ・テニスクラブ」の芝張りで、優れた仕事を残した。

ところで、現在のワールドカップの原型であるカナダカップにも、コロンビアCCが大きく関わっていることをご存知だろうか。

カナダカップは、コロンビアCCのメンバーであったジェネラルダイナミクス社のジョン・ホプキンスが、1953年にカナダでスタートさせたものである。

アメリカでの最初の開催である1955年の第3回大会は、コロンビアCCで行われた。前年の全米オープンの覇者、エド・ファーゴルと1954年PGA選手権優勝のチック・ハーバートがアメリカ代表となり、見事に優勝を果たした。

この２年後の１９５７年、カナダカップは霞ヶ関ＣＣで行われ、日本チームが団体優勝、中村寅吉が個人優勝し、日本のゴルフブームのきっかけにつながるのである。

★

Jim Barnes
ジム・バーンズ（1886－1966）
1916、1919年にPGA選手権、1921年に全米OP、1925年に全英OPをそれぞれ制す。その体形から〝ロング・ジム〟と呼ばれ親しまれた

Walter Hagen
ウォルター・ヘーゲン（1892－1969）
ニューヨーク生まれ。映画に出演したり、エキシビジョンで世界中を巡ったりとプロゴルファーの地位向上に大きく貢献した。メジャー通算11勝

Jock Hutchison
ジョック・ハチソン（1884－1977）
1920年のPGA選手権、21年の全英OPに優勝。後にシニアプロとしても活躍。1937年、第1回PGAシニア選手権で初代チャンピオンに。1947年にも優勝

アメリカ編　その7

ネルソン、スニード、そしてホーガン。ビッグ3時代の到来

1916年にアメリカプロゴルフ協会（USPGA）が発足すると、1920年代にはロサンゼルスオープンなど大型トーナメントが続々と誕生。1927年には米英対抗戦としてライダーカップがスタートする。そして1930年代、アメリカ経済の停滞にもかかわらず、PGAツアーは充実の時を迎えた。

1920年代のプロゴルフ界は、イギリスからの移民ゴルファー、ジム・バーンズやジョック・ハチソンの活躍から始まったが、アメリカ生まれのウォルター・ヘーゲン、ジーン・サラゼンへと主役が交代する。そんななかでボビー・ジョーンズが8年間で全米オープンに4回、全英オープンに3回も優勝するなど、アマチュアの力がプロの力に拮抗していた。

しかし、ジョーンズは1930年にアマチュアとしてのグランドスラムを達成すると、早々と正式競技から引退してしまった。これを機にアメリカのゴルフ界は完全に

プロの支配する時代へと移っていく。

世の中の動きにも変化が起きている。ジョーンズが1929年にペブルビーチGLの全米アマ初戦で敗れてから、翌年メリオンGCでグランドスラムを達成するまでにいくつかの重要な出来事があった。

全米アマの4カ月後にはウォール街での株の暴落から世界金融恐慌が始まった。マンハッタン島ではエンパイヤーステートビルの建設が着工。1927年に初の大西洋横断無着陸飛行に成功した国民的英雄チャールズ・リンドバーグがアン・モロウと結婚し、アメリカの若い女性を失望させたのもこの頃である。

1930年代は、PGAツアーが成長し、その足場が固められた時期でもあった。

1916年に発足したPGA（プロゴルフ協会）は、もともとクラブプロの身分を保証し、同時に雇い主であるゴルフクラブを安心させる目的から作られた。当時、新しく生まれた多くのクラブはスコットランドからの移民ゴルファーを所属プロに迎えたがった。これに目を付け、ゴルフを知らないスコットランド訛りの若者をプロとして売り込む悪質ブローカーが多かったからである。

PGAの組織化は本来の問題解決にとどまらず、それ以上の意味があった。新しく生まれつつあったPGAツアーを取り仕切る機能を持ったからである。

1920年代に入ると好調な経済に支えられて、多くの大型トーナメントがアメリカの各地で誕生。軌を一にしてクラブプロとは違った賞金目当てのトーナメントプロの走りが現われた。それが1892年生まれのヘーゲンであり、1902年生まれのサラゼンであった。

不況が生んだトーナメントプロ

ところが、1930年代に入るとアメリカ経済は長い停滞期に入り、大型トーナメントの多くは賞金額が大幅に減少、いくつかは中止に追い込まれた。しかし一方では、不況を乗り切るための観光誘致や町おこし目的の新しい地方トーナメントが生まれ、幸運にもツアー全体の賞金総額は増加する結果となった。

クラブの閉鎖で職を失ったプロは賞金目当てに、給料の下がったプロはより良い職場を得るための売名目的で、積極的にツアーに参加した。それとともに、ツアー運営では1930年代前半にボブ・ハーロウ、後半にフレッド・コーコランなどその道のプロが生まれ、ツアーは急速に合理化、近代化された。そして、徐々にPGAの機能は、当初の目的であったクラブプロへのサービスからツアーの運営へと、その比重がシフトしていった。

PGAツアー初期の段階では、ツアーだけでは収入が不安定で、ほとんどのプロはいずれかのクラブに所属していた。この傾向は1930年代に入っても変わらず、そんなクラブプロのなかからメジャーの覇者が現われている。

デニー・シュートはオハイオ州アクロンのポーテージCC所属のクラブプロであっ

た。安定した収入を確保した上でメジャーに挑戦し、１９３３年にゴルフの総本山セントアンドリュースのオールドコースで全英オープンに優勝。１９３６年と37年にはＰＧＡ選手権を連覇している。

ヘンリー・ピカードは全米オープンが２回開催されたオハイオ州クリーブランドの名門、カンタベリーＣＣに所属し、１９３８年のマスターズと１９３９年のＰＧＡ選手権に優勝、１９３９年は賞金王にもなった。

また、ＰＧＡツアーが成長したこの時期、多くの新顔プロも誕生した。人種の坩堝《るつぼ》、アメリカを象徴するように、イギリス系以外からも第一線で活躍するプロが現れた。この「エスニックプロ」最初のスターが東欧系のビリー・バークである。

彼は、１９３１年全米オープンでドイツ系のジョージ・フォン・エルムを72ホールのプレーオフの末に破って優勝、一躍注目を浴びた。

これにスペイン系のオーリン・ダトラとトニー・マネロが続いた。前者は１９３４年のメリオンＧＣで、後者は１９３６年のバルタスロールＧＣアッパーコースで、それぞれ全米オープンに優勝している。

この頃になると、全米オープンの開催コースには建設の黄金時代に活躍した名設計家の作品が次々に使われはじめた。メリオンはヒュー・ウイルソンの、バルタスロールはＡ・Ｗ・ティリングハストの傑作である。

１９３５年にはピッツバーグ郊外の難コース、フォーンズ親子が粋を凝らして造り上げたオークモントCCで開催され、地元のサム・パークスが優勝。これは大学出のプロによる最初の全米オープン制覇として、記録されている。

マスターズの誕生とサラゼンの復活

1930年代の明るい話題はやはり、マスターズトーナメントであろう。公式競技から引退したボビー・ジョーンズは、アリスター・マッケンジーと共同で理想のコース、オーガスタナショナルGCを設計・建設、1934年にここを舞台に一流ゴルファーのみを招待して新しいトーナメントを開始したのである。

マスターズは、場所が南部ジョージア州の片田舎ながら、ジョーンズの人気に支えられて成長。第二次大戦後はクラブメンバーであったアイゼンハワーが大統領に就任したこともあって、1953年頃からメジャーの仲間入りを果たした。

ジーン・サラゼンの復活も注目に値しよう。1922年に20歳の若さで全米オープンとPGA選手権を制覇、翌年には強敵ヘーゲンを下して、PGA選手権を連覇したサラゼンは、その後、スランプに悩む。自分で考案したサンドウェッジにも助けられ、全米オープンと全英オープンに勝利、一躍トップグループに返り咲いたのが、1932年であった。

1933年にはPGA選手権、1935年には開催2年目のマスターズにも優勝。特にマスターズの勝利は、最終ラウンドの15番ホールで見せたアルバトロスで首位に追いつき、プレーオフの末に手にした、歴史に残る劇的なものであった。
この勝利は、4大メジャー制覇の第一号でもある。

アメリカ版、三巨頭時代の到来

しかし、1930年代から第二次世界大戦にかけての目玉は、なんといっても最後に現われた〝アメリカ版トライアンビレート（三巨頭）〟だ。ヘーゲン★より20歳、サラゼン★より10歳若い、1912年生まれの3人、バイロン・ネルソン、サム・スニード、ベン・ホーガン★である。

3人ともキャディ出身で、ネルソンとホーガンは同じテキサス州ダラスのグレンガーデンCCで育っている。揃い踏みはホーガンがツアー初優勝した1940年から。脂が乗り切った時期が第二次大戦と重なったのは、なんとも不運なことであった。

とはいえ、3人の活躍はそれぞれに華々しい。まず、頭角を現したのはネルソンであった。メジャー初勝利は1937年のマスターズ。残念ながら全英オープンにこそ勝てなかったが、1939年には全米オープン優勝、1940年と45年にはPGA選手権に優勝している。ネルソンを最も有名にしているのは1945年の活躍である。

この年は第二次大戦が終了した年であったが、アメリカではPGAツアーが行われていた。多くのプロが軍隊に駆り出されたが、血が固まりにくい体質のため兵役を免れたネルソンは残ってプレーを続けていた。

その結果、ツアー連続11回、年間18回という大優勝記録を達成、この年行われた唯一のメジャー大会、ＰＧＡ選手権にも優勝している。「強力な競争相手がいなかった」とか、戦争中はコースコンディションが悪く「ボールを６インチ動かすウィンタールールが適用されていた」とかの批判はあるが、記録そのものは堂々たるものである。

ネルソンはこの大記録を残して、１９４６年を最後にあっさりとツアーから引退。長年の夢だったテキサス州での牧場経営へ身を置いた。

スチールシャフトがゴルフを変えた

スニードは華麗なフォームから打ち出す長打が魅力であった。１９３７年のオークランドオープンでは、72ホールの新記録18アンダーを出し、周囲を驚かせている。

これは用具の改善とプロゴルファーの著しい技術進歩を象徴するもので、明らかに新時代の到来を告げるものであった。

スチールシャフトの登場による、かつては考えられない練習量の多さも忘れてはならない。アメリカですべてのクラブにスチールシャフトが公認されたのが１９２６年。その効果が表われるまでには、やや時間を要したのである。

翌１９３８年、スニードはツアーで年間８勝を挙げ、史上最高の賞金額１万９４０0ドルを獲得して賞金王となっている。この年はスニードにとって１９３０年代の最良の年であった。１９２９年の金融恐慌で始まった経済不況も、１９３５年頃には一度底を打って反転。以降、ツアーの賞金総額は増え続け、この年には18万5500ドルにまで達していた。スニードのメジャー制覇は生涯7勝で、1942年のPGA以外は、すべて第二次大戦後の勝利であった。スニードの悲劇は何回も優勝争いに絡みながら、ついに全米オープンに勝てなかったことである。

遅咲きの巨人、ベン・ホーガン

ホーガンは他の2人に比べ、やや遅咲きであった。第二次大戦以前のメジャー大会は、何度か優勝に近づきながら、すべて逃がしている。彼のゴルファーとしてのピークは第二次大戦後となるが、戦前の活躍にも目覚しいものがある。戦時色を感じ始めた1940、41、42年の3年間、トーナメント数の減少したなかで、年間優勝回数は4、5、6回を数え、連続して賞金王に輝いている。

特に1942年には賞金総額が11万6650ドルに減少したなか、1万8358ドルの賞金を獲得した。戦争の影響が急速に強まった1942年には全米オープンは中止。やがてゴルフボールの生産が禁止され、コース管理に必要な肥料、農薬、石油の購入が困難となり、プロゴルファーやコース管理のスタッフも戦場へ駆り出された。その結果、多くのゴルフコースが見捨てられ、ゴルフ界は再び苦難の時代へ足を踏み入れる。

アメリカプロゴルフ界の主な出来事（〜1934）

1895	第1回全米オープン開催
1899	第1回ウエスタンオープン開催
1916	PGA発足
1926	第1回ロサンゼルスオープン開催
1932	現在のPGAツアー機構の前身組織発足
1934	第1回マスターズトーナメント開催

Jimmy Demaret Byron Nelson Bobby Jones Ben Hogan
マナーハウスの前での一葉。後列左ジミー・デュマレ、右バイロン・ネルソン、前列左ボビー・ジョーンズ、右ベン・ホーガン。1945年に11連勝含む18勝をあげたバイロン・ネルソン全盛期

Sam Snead Bobby Jones Ben Hogan
グリーンジャケットを贈られたベン・ホーガンと握手する前年優勝のサム・スニード、二人に挟まれたボビー・ジョーンズ。バイロン・ネルソンとベン・ホーガンの2人を合わせた以上の賞金を稼いだスニードだが、全米OPには勝てなかった

アメリカ編　その8

アメリカンタイプの生みの親 独創のコース設計家R・T・ジョーンズ

コース設計でのアメリカンゴルフ、すなわちリンクスの模倣から開放された新しい設計概念は、第二次大戦後にロバート・トレント・ジョーンズによって作り出された。ジョーンズは多くの面で、かつて存在しなかった、まったく新しいタイプの設計家であった。

★

ロバート・トレント・ジョーンズは1906年、北部イングランドの生まれ。1909年に両親とアメリカへ移民し、ニューヨーク州ロチェスターに住み着いた。小学校の同級生にウォルター・ヘーゲンの姪がいて、彼女を通してゴルフを知り、キャディによる小遣い稼ぎの方法も教えられた。CC・オブ・ロチェスターでは、コダック社のオーナー、ジョージ・イーストマンやヘーゲンのバッグをよく担いだという。

その後ジョーンズは、オンタリオ湖を見下ろすソーダスベイハイツGCで支配人兼グリーンキーパーの職を得て働いたが、ここのメンバーであった、ジェームス・バッシュフォードの好意により、コーネル大学で学ぶこととなった。

大学では将来ゴルフコースの設計家になることを頭に描いて、自分で必要と考える科目を選択して学位を取っている。土木工学、園芸、農業といった自然科学から、経済学、美術、哲学、古典文学という人文科学までと、広い範囲を網羅していた。まさしく近代ゴルフ場設計のパイオニアであったといえるだろう。

在学中、すでにソーダスペイハイツGCのグリーン改造を行っており、現在もこの2つのグリーンは、ジョーンズの初期作品として、保存されている。

世界大恐慌の中の設計家デビュー

コーネル大学を卒業した1930年、前年に起こったウォール街の株の暴落から始まった経済恐慌で、コース設計の仕事は冬の時代に突入していた。そんな環境の中で、ジョーンズはカナダで大活躍したスタンレー・トンプソンの事務所にパートナーとして加わり、設計家としての第一歩を踏み出すこととなった。この頃、トンプソンはカナディアンロッキーに造った2つの美しいコース、バンフスプリングスとジャスパーで、すでに世間に知られる存在となっていた。

1930年代のアメリカでは、不況化の失業対策として、WPA（雇用促進局）が政府の財政投資を使い港湾、道路、ダムなどの建設を進めていた。いわゆるニューディール政策である。

ジョーンズはこれに目をつけ、パブリックコースの建設と運営が雇用促進につながることを理解させ、6コースの設計・建設を行っている。

その後、トンプソンの事務所が資金難から破綻、1938年、ジョーンズは妻と2人でニューヨークに事務所を構えて再出発した。

この頃、ボストンからニューヨークに至る北西部やシカゴ中心の中西部では、コースの新設や改造の仕事は極端に少なかった。しかも、そのほとんどを、クラブプロかグリーンキーパーが無償で行っていた。

例外は、金融恐慌の影響をほとんど受けなかった中西部で大活躍し、プレーリーデューンズCCやサザンヒルCCを設計・建設したペリー・マックスウェルのみである。ジョーンズの苦労は、そんな環境のなかでいかに仕事を見つけ、しかも正当なフィを払ってもらえるかであった。

オーガスタ改造で脚光を浴びる

ロバート・トレント・ジョーンズが設計の表舞台に登場したのは第二次大戦明けの1946年、ボビー・ジョーンズと出会ったオーガスタナショナルの改造においてであった。

戦争中の数年間まったく放置されたコースの復興には、新設と同じくらいの手間と費用を必要とする。そこで、この機会に、大幅なコースの改造を行うことにしたのである。

この頃には1920年代の「コース設計の黄金時代」に活躍した名設計家のほとんどはすでに他界しており、ボビー・ジョーンズは新進気鋭のトレント・ジョーンズを抜擢した。改造の中心はいくつかのグリーンの形状変更もさることながら、戦前に9回行われたマスターズで安易なホールと見られていた11番、16番をタフなホールに変身させることであった。

11番パー4は右ドッグレッグで375ヤード、グリーンの左から奥へ細いクリークが流れていた。改造ではティーを左に大きく動かしてストレートなホールに変更。同時に距離を445ヤードに伸ばした。さらに左奥にダムを造ってクリークを堰き止め、グリーン左に大きな池を配した。しかもグリーンは、池の方向に微妙に傾斜している。この結果11番は、第2打が要注意となり、ティーショットから距離と方向性が求められる息の抜けないホールへと変貌した。

16番パー3は、もともとハリー・コルトがロンドン郊外に造ったストークポージズGC7番のコピーで、グリーンの左は山裾が下りてきて、前と右にはクリークが流れていた。トレント・ジョーンズは、このホールでもクリークを堰き止めて池を造り、打つ方角を90度変更して完全な池越えに変身させた。

このホールはアイゼンハワー大統領が油絵に描いてアメリカ中で有名となり、オーガスタの名物ホールとなった。

改造結果は上々の評判で、設計家としてのトレント・ジョーンズの名声は一気に高まった。満足したボビー・ジョーンズは故郷のアトランタに共同設計で新コースを企画した。こうして生まれたのが名門、ピーチツリーGCである。

リンクスからアメリカンへ

このコースの設計は、結果として共同設計というより、トレント・ジョーンズの新しい設計概念を余すところなく発揮する絶好のプロジェクトとなった。大きな起伏を持つグリーンの面積は、通常の2倍から3倍はある。「象の墓場」といわれたが、公式トーナメントでもピンポジションは5ないし6カ所用意できる。

このグリーンの大きな起伏は「グリーン上にもハザードが必要」という2人のジョーンズの共通思想を表わしていた。「オンしてから新しいゲームが始まる」という概念である。そのためプレーヤーには、アプローチで、次のパッティングを計算に入れた良い場所を狙うショットが要求される。

ティーインググラウンドは「飛行場の滑走路」と呼ばれるほど、縦に長く造られた。長いティーと大きなグリーンは、ティーとホールの位置を変えることで、18ホールを6000ヤードから7400ヤードまで伸縮させることを可能にした。幾通りにもコースの性格が変えられるのである。

さらにティーとホールの移動範囲が広いため、芝の管理がやりやすく、グリーンキーパーの仕事を楽にした。これは彼がいう「プレーヤーは良いスコアを求め、キーパーは管理のやりやすさを求め、コース設計者はプレーヤーへの課題提供を追求する。相容れないこれらをいかに協調させるかが、コース設計者の任務である」という課題への回答でもあった。

新しい設計概念は個別のホールでも見られた。あるホールは砂のバンカー、あるホールはクリークや池によるウォーターハザード、また別のホールはマウンドや窪み、あるいは樹木による立体ハザードと、ホールごとにハザードに変化を持たせた。

1948年に開場したピーチツリーへの評価は賛否両論があったが、この設計概念が、かつてのリンクスを模倣したものから脱皮した、アメリカ人の創造したまったく新しいもので、これが将来のコースの姿であろうという点では一致していた。

ターゲットゴルフの誕生

トレント・ジョーンズによるさらに画期的な仕事は、この3年後、1951年の全米オープンを開催するオークランドヒルズCCの改造であった。オークランドヒルズはドナルド・ロス設計による名コースながら、この時期にはかなり時代遅れとなっていた。

この改造では、さらに新しい「ターゲットゴルフ」の概念が披露された。ピーチツリーでは大きなグリーンに的を絞ってオンさせることを迫ったが、今度はこの概念をティーショットから要求するものであった。

フェアウェイのある特定スペースに球を落とさないと、2打目で苦しむことになる。同様に、パー5の第2打も、グリーンを狙うショットも、すべてターゲットが絞られる。全米オープンの結果は、コースの難しさを表わす厳しいものであった。アンダーパーは、優勝したベン・ホーガンの最終ラウンドを含めて、2つしか記録されなかった。

そして大会後ハーバート・ウインドが雑誌「ニューヨーカー」で全米オープンを論評し、ホーガンと並んでコース改造を行ったトレント・ジョーンズを英雄に仕立て上げた。コースを語るとき、必ずコース設計者の名前が挙げられるようになったのは、これがきっかけだった。

また、これ以降コースの建設や改造には専門のコース設計者が使われるのが常識となった。

新たなる設計概念「ヒロイック型」の発想

伝統的にコース設計には「戦略型」と「罰打型」(課罰型)がある。戦略型ではティーからグリーンへのルートが複数あり、プレーヤーは自分の技量に合わせて最良のルートを選択する。

他方、罰打型ではルートの選択の余地がなく、いくつかのホールでは逃げようのないクロスハザードが存在して、ミスショットはそのままペナルティとなる。一般に、前者はアベレージゴルファーに優しく、後者は厳しいといえる。

トレント・ジョーンズは自身の設計概念を、戦略型でも罰打型でもない、この両方を統合した新しいタイプの「ヒロイック型」と定義し、こう説明している。

「トラップ数は罰打型ほど多くはないが、戦略型ほど少なくもない。トラップは見かけが恐ろしくて難しいものから極めて簡単なものまで変化を持たせる。ボールの飛行線上には、度肝を抜くようなハザードを持ってくる。これを越えるためには、170〜220ヤードの飛距離が要求される。リスクは大きいが、成功したときの快感と見かえりは大きい。しかし、リスクを避けるプレーヤーのためには、必ず安全なルートを用意しておく。グリーンについても同じ設計概念が応用される」

さらに18ホールの中にこの3つ（戦略、罰打、ヒロイック）をバランス良く織りまぜた「ブレンド型」を提唱しており、これこそジョーンズ特有の設計概念といえよう。

ジョーンズはオークランドヒルズの後、バルタスロール（ロワー）、オリンピック（レーク）、サザンヒルズなど数々の全米オープンコースの改造を手がけ、その実績から「USオープンドクター」と呼ばれた。

これらのコースでは、全米オープンをはじめ、幾多のナショナルトーナメントが開催されている。

手がけたコースは海外も含めて300を超えるが、すべてが世界のベスト100に入るレベルとジョーンズは自負していた。中でも、特に気に入ったコースは、★スパイグラスヒル、マウナケア、バリーバニオン（ニュー）、バルデラマ、ファイアストーン（サウス）の5つであったという。

★

Spyglass Hill Golf Course
スパイグラスヒルGC
1966年開場
ロバート・トレント・ジョーンズ設計。アメリカ西海岸、ペブルビーチGLの近くの砂地に造られたジョーンズの代表作のひとつ

Robert Trent Jones
ロバート・トレント・ジョーンズ
（1906−2000）
イングランド生まれ。長男のジュニアもコース設計家として活躍しているためシニアともいわれる。次男のリース・ジョーンズも設計家として成功

アメリカ編　その9

ベン・ホーガンからアーノルド・パーマーへ

第二次大戦後、アメリカゴルフの近代化に大きく貢献した二人のゴルファー、ホーガンとパーマー。二人の活躍は、そのままアメリカゴルフの戦後史となる。

第二次大戦が終了した翌年の1946年から、全米オープンが再開された。会場に予定されていたのは、1930年にボビー・ジョーンズがグランドスラムを達成した全米オープンの会場となったミネソタ州のインターラーケンCC。しかし、コースの整備が整わず、代わって1940年の会場カンタベリーGCが使用された。

結果はヨーロッパの戦場で負傷しながらも無事に帰還したロイド・マングラムがバイロン・ネルソンとビック・ゲッツィ（1941年PGA選手権優勝者）をプレーオフで破って優勝。髭を生やしたテキサス出身のマングラムは、西部劇映画に出てくる悪役ばりの風貌から「リバーボート・ギャンブラー」の異名を持っていた。

この年、ホーガンは、マスターズの優勝こそ最終ホールの3パットでハーマン・カイザーに譲ったものの、PGA選手権では優勝。念願のメジャー初制覇を成し遂げた。しかし、当時のPGA選手権は今ほどの価値がなく、ホーガンはあくまで全米オープンの優勝を目標とした。

不死身の男、ベン・ホーガン

その夢は2年後の1948年に西海岸での最初の開催となったリビエラCCで実現した。この年はPGA選手権にも優勝、ホーガン時代の幕開けを感じさせた。

だが、ここで思わぬ悲劇が起こった。翌年2月、アリゾナ州でのフェニックスオープンを終えてテキサス州フォートワースの自宅へと帰るホーガンは、大きな自動車事故に遭遇したのだ。深い霧のなか、反対車線からグレイハウンドバスが突っ込んで来て、ホーガンの車に激突したのである。なんとか一命は取りとめたが重症で、試合への復帰は不可能とみなされた。

しかし、ゴルフへの強い執念が奇跡の回復を促したのか、翌1950年、リビエラでのロサンゼルスオープンに出場。プレーオフでサム・スニードに敗れはしたが、ホーガンはプレーへの自信をつかんだ。

ホーガンは戦前の1940年、41年、42年に続いて、戦後は46年と48年にツアーでバードントロフィの受賞と賞金王に輝いている。しかし、事故の後は足への負担を考慮して、全米オープン、マスターズ、そしてコロニアル招待を中心として出場数を制限したため、この2つの栄誉とは縁がなくなった。

また、当時は評価も低く、マッチプレー方式で試合数の多いPGA選手権へは、事故以降まったく出場していない。

ホーガン、幻の年間グランドスラム

1950年、ツアー復帰後、最初の全米オープンは、ちょうど大会50周年の記念大会となり、USGAは仲間内でもっとも評価の高いヒュー・ウイルソンの傑作、メリオンGCを会場に選んだ。

着実なプレーを続けて最終日を迎えたホーガンも、さすがに午後のラウンド（当時、最終日は2ラウンドを行っていた）では疲れがひどくスコアを崩し、プレーオフに残るには最終18番をパーであがらなければならなかった。

400ヤードを越える長いパー4は1打のミスも許さない。完全なドライバーショットに続く2番アイアンの第2打は、今も歴史に残るショットとして有名である。

プレーオフの相手はロイド・マングラムとジョージ・ファジオ（後にコース設計で活躍、トム・ファジオの叔父）であった。ショットは良かったがコースマネジメントに失敗したファジオは早々と脱落。

ハプニングが起きたのは、ホーガンが1打差のトップで迎えた16番グリーンであった。何気なくパターの先を固定してボールを拾い上げ、そのボールにとまっていた虫を取り除いたマングラムに、２打の罰が課されたのだ。

その直後、ホーガンは最大の難ホール、17番パー３で、バーディを奪い、ここで勝利を決定的とした。ホーガンにとっては、交通事故から復帰した、最初の全米オープンでの記念すべき優勝であった。

翌１９５１年の全米オープンも、歴史に残るホーガンの勝利であった。会場はミシガン州デトロイトの郊外にドナルド・ロスの設計で造られたオークランドヒルズＣＣである。１９２４年と37年に全米オープンを開催していたこの名コースも、この頃にはすでに時代遅れとみなされていた。

そこで、ロバート・トレント・ジョーンズが新しい設計概念「ターゲットゴルフ」に基づいて極めて難度の高いコースに大改造し、大会を迎えている。

この年、春のマスターズに初優勝したホーガンは、強い自信を持ってこの大会に臨んでいた。しかし、コースの難しさは生半可なものではない。最後まで苦しめられたが、最終ラウンドでは見事にアンダーパーで回り、コース設計家の挑戦を見事にかわし、優勝を手に入れた。

プレー後、コースに関する感想を求められたホーガンは「こんな難コースでのプレーは初めてであったが、最後はなんとかこのモンスターをねじ伏せた」と述べている。

また、改造者ジョーンズの妻に「あなたの旦那がプロゴルファーで、自分の設計したコースでプレーしていたら、今頃あなたの家族は食うに困っていただろう」と語った話は有名である。

ホーガンのゴルファー人生でのピークは、2年後の1953年であった。まずマスターズに優勝。マスターズがメジャーの仲間入りを果たしたのはこの頃とされる。オーガスタナショナルGCのメンバー、アイゼンハワーが前年の選挙で大統領に当選、選挙後の冬をここで過ごしたことで有名となったのも、その一因である。

この年の全米オープンはオークモントCCで行われた。ペンシルベニア州ピッツバーグの郊外にフォーンズ親子が二代にわたって執念で築いた難コースである。正確なショットを繰り返したホーガンは、ライバルのスニードに5打差をつけて優勝。ウイリー・アンダーソンと並ぶ全米オープン4勝目を記録した。

続いて、大西洋を渡って全英オープンに初めて参加。会場はスコットランドのリンクスで最も難しいとされるカーヌスティ。

ホーガンはラウンドするごとにスコアを縮める。無敵の強さを示した無難な優勝であった。

この優勝で彼はサラゼンに続いて現代流グランドスラムを達成した。ホーガンの全英オープン参加は生涯でこの一度だけである。

現在、もう一つのメジャーとなっているPGA選手権は、この頃日程が全英オープンの翌週となっていたため、参加は物理的に不可能であった。あまり語られないが、この年のホーガンの成果は実質的な「同年グランドスラム」といって過言ではない。

この間、ホーガンの最大のライバルはスニードであり続けた。マスターズは1949年から54年まで、1950年のジミー・デマレーを除けば2人が交互に優勝している。1954年はこの2人による18ホールのプレーオフでスニードが勝利したが、ホスト役のボビー・ジョーンズはこの一戦をマスターズ史上最高のゲームと讃え、ゴルフ史に残る名勝負とされている。

PGA選手権では1946年から51年まで、各々2回ずつの優勝。全英オープンでは1回ずつ優勝している。ただ残念ながら、スニードは全米オープンの優勝には不思議と縁がなかった。

テレビの大スター、アーノルド・パーマー

このホーガンの活躍以後、ゴルフ界に新風を吹き込んだのは、1960年の全米オープンで優勝した★アーノルド・パーマーであった。

2年前、そしてこの年のマスターズに優勝していたパーマーは、その精悍な風貌と攻撃的なゴルフスタイルから、すでに大きな注目を集めていた。この全米オープンでは最終日の午前のラウンドを終わって、トップのマイク・スーチャックとは7打差開いていた。

しかし、最終ラウンドでは最初の7ホールで6バーディを奪い、見事な逆転劇を演じて見せた。

最終18番ホールでパットを終えたパーマーは、かぶっていたバイザーを高く投げ上げ、嬉しさを素直に態度で表現した。観衆からは割れるような大歓声が起こり、グリーン周りは興奮の坩堝《るつぼ》と化した。

観衆がプロゴルファーのしぐさの中に、プレーそのもの以外のショーマンシップを求め始めていたのである。

異常なまでのパーマー人気は、テレビと切っても切れない関係がある。ゴルフがテレビと結び付いたのは1953年のことで、この年、タモシャンター・ワールドチャンピオンシップで最初の放映が行われている。

これはシカゴの実業家ジョージ・メイが自分の所有するタモシャンターCCで開始したユニークなトーナメントである。第二次大戦後、世界経済を独り占めしたアメリカを象徴するような派手な演出で、桁外れな高額賞金を用意し、有名ゴルファーを世界中から招聘、世界規模の大会を指向した。

スポンサーのメイはアロハシャツに金ぴかの装飾品と人目を引く出で立ち。参加プレーヤーに背番号を付け、あるゴルファーには特に金を払ってスコットランド衣装を着用させ、フィールドにはスコアボードを用意し、ゴルフトーナメントにショービジネスの要素をふんだんに導入した。

テレビ放映の効果は奇跡的であった。テレビ放映はその一連の新機軸の一つであった。最終ラウンド1打差でトップを追う最終組のリュー・ウォーシャム（1947年全米オープン覇者）が18番パー4で打った第2打がなんと直接カップインし、劇的な逆転優勝となった。優勝を決めるボールがスルスルとホールへ吸い込まれる様子がリアルタイムでテレビ画面に写し出されたのである。

これがきっかけとなって、翌1954年に全米オープン、その翌年にはマスターズ、やや遅れて1958年からPGA選手権もそれぞれテレビ放映を決定し、テレビ時代が到来した。なお、タモシャンター・トーナメントは、その後PGA側と意見が合わず中止となり、メイはコースに「PGAツアープロの立ち入り禁止」のサインを揚げた。

現在、使用されたコースは姿を消しているが、このユニークなトーナメントの歴史的意味は大きい。

そして、マスターズで大活躍する新進気鋭のパーマーの積極的な歯切れの良いゴルフがテレビ放映に見事にマッチした。

ゴルフシーズンの始まる4月初めのマスターズで、美しいオーガスタナショナルのコースの中に映し出されるパーマーの雄姿が、全米の大衆の心をとらえたのである。1958年から1年置きに4回の優勝は、パーマーとマスターズを強く結び付け、マスターズを大衆の中に不動のトーナメントとして位置づけた。かくして、テレビとゴルフトーナメントは切っても切れない関係へと発展していった。

パーマーが全米オープンに優勝した2年後の1962年、フロリダでの伝統あるドラルオープンでホーガンとスニードというペアリングが組まれた。

1956年にワールドカップの前身カナダカップがイギリスのウエントワースCで開催された際、アメリカはこのゴールデンコンビを送って予定通りに優勝、カナダカップを世界的に認知させた。

しかし、6年後の大会はいささか様子が違っていた。ギャラリーのほとんどはホーガンの正確無比で無駄のないプレーやスニードの華麗なスウィングにはまったく関心を示さず、パーマーの組を追いかけた。有名な「アーニーズ・アーミー*」の誕生である。

この頃から明らかにゴルフの世界に変化が現われた。新しい時代、近代ゴルフの始まりである。やがてパーマーに続いてジャック・ニクラス、ゲーリー・プレーヤーが顔を揃えることとなる。

* Arnie's Army 〝アーノルドの軍隊〟の発祥は1959年。パーマーが最初にマスターズを制した翌年。5ドル程度でチケットを購入できる時代、オーガスタナショナルに近い陸軍基地の兵士には無料でチケットを配布して観客として集められた。軍服姿のファンたちは熱狂し、「アーニーズ・アーミー」が誕生したといわれる

Ben Hogan
ベン・ホーガン（1912−1997）。
ホーガン、人生最高の年、1953年の一葉。マスターズ、全米OPで優勝し、全英OP初参加で優勝。グランドスラムを達成した。ブロードウェイの帰郷パレードで車の後ろに座ったホーガン

Arnold Palmer Jack Nicklaus
スーパースターのパーマーに対する悪役に見立てられたニクラスだったが、その後ニクラスはパーマーの後継者となった。66年のカナダカップで来日。ヘリで移動するトップスター

アメリカ編　その10

もうすぐ生誕120周年 球聖ボビー・ジョーンズの生涯

アメリカのゴルフ史は球聖と讃えられるボビー・ジョーンズ抜きでは語れない。間もなく生誕120周年を迎える球聖の生涯をもう一度、じっくりと振り返ってみよう。

1923年から1930年までのわずか8年間に全米アマ5回、全米オープン4回、全英オープン3回、全英アマ1回を制覇。1930年にはこの4大メジャータイトルをすべて手にした、★ボビー・ジョーンズ。そのジョーンズが生まれたのは、今から約120年前1902年であった。

トーナメントプロの走りウォルター・ヘーゲンが10歳、アマチュアとして最初の全米オープン覇者のフランシス・ウィメットが9歳年上。現代流グランドスラムの第1号達成者ジーン・サラゼンは同年輩。そして、アメリカのトライアンビレート（三巨頭）、バイロン・ネルソン、サム・スニード、ベン・ホーガンは10歳年下である。ア

177 アメリカ編その9｜ベン・ホーガンからアーノルド・パーマーへ

メリカで10年置きに名ゴルファーが誕生するという法則は、パーマー、ニクラス、ワトソンにも当てはまる。

世間を驚かせた14歳の全米デビュー

ジョーンズのゴルフ人生はアトランタのイーストレークGCから始まった。このコースは、ジョーンズの誕生と2年しか違わない1904年にオープンしている。設計者は「日曜日の午後に18本の杭を打つ」で知られる粗製濫造のトム・ベンデロウで、これを1913年にドナルド・ロスが大幅改造し、名コースに生まれ変わらせていた。当時ジョーンズ一家が住むサマーハウスは13番ホールのそば、現在のコースでは2番ホールの池の脇で、クラブハウスのすぐ近くにあった。月夜にクラブハウス前の練習グリーンでパットの腕を磨いたという逸話も、十分納得できる。

イーストレークでゴルフを覚えたジョーンズが、全国大会へ初参加したのは1916年、フィラデルフィア郊外のメリオンGCで開催された全米アマであった。14歳のジョーンズは楽に予選を通過し、1回戦では1906年の全米アマ優勝者エーベン・バイヤーズを破って周りを驚かせた。

とはいえ、以後ジョーンズは1916年から1922年の7年間、善戦はしたもののメジャータイトルには手が届かなかった。

彼はこの時期を「不毛の7年間」と呼んだが、1917年と1918年の2年間、全米オープンと全米アマが第一次大戦のため中断されるという不運もあった。

しかし、あまりにも強気すぎるゲーム運びと、短気で忍耐力のない態度にも問題があり、1921年の全米アマでは、USGA会長であったジョージ・ウォーカーから「このようなプレー態度を続ける限り、USGA主催の競技への参加を認めない」と忠告されたこともあった。

1922年、故郷の名門ジョージアテックで機械工学の学士号を取ったジョーンズは、ハーバード大学で英文学を学ぶため、学期の始まる9月にはボストンへ移った。これを機に自分のゴルフを反省、翌年のメジャー大会までトーナメント出場を見合わせることにした。

そして、久々の大会出場が1923年の全米オープンであった。会場はニューヨーク州ロングアイランドにあるインウッドCC（現在ケネディ空港の東の海岸）。しばらく試合から遠ざかったジョーンズのゴルフには明らかに変化が見られた。

最終ラウンドの18番ティーに立った時点では、2位のボビー・クルックシャンクに3打差付けていて悠々の優勝と思われた。

18番パー4は距離の長さに加えグリーン手前に池があり、スコアをまとめるには厄介なホールである。ここでジョーンズは、メジャー優勝未経験の弱さを露呈しグリーン周りでもたつき、何とダブルボギーの6。数組遅れてやって来たクルックシャンクはこの難ホールをバーディの3で上がり、ジョーンズに追いついた。プレーオフでも両者は譲らず最終18番ティーに同スコアで現れた。

ティーショットを左へ曲げたクルックシャンクは第2打を安全に池の手前に刻む。ジョーンズの第1打はフェアウェイを外れた右のラフ。第2打は熟慮のすえ、思い切って2番アイアンでグリーンを狙った。これが見事にオンし、ジョーンズはここで激戦に決着をつけることとなった。初優勝を決めた第2打は現在も歴史に残る1打とされ、その地点には記念のプレートが埋め込まれていることは前述のとおり。

この優勝が契機となって、ジョーンズのゴルフは一皮剥け、向こう8年間にわたるメジャーでの快進撃が開始される。

8年間でなんとメジャー13勝

1924年、緑の深いメリオンGCで、ジョーンズは全米アマに初勝利。その翌年には難コースとして有名なピッツバーグ郊外のオークモントCCで決勝戦をイーストレークの後輩ワッツ・ガンと争って全米アマを連覇。同一クラブのメンバー同士による決勝戦は全米アマの歴史上この1回のみである。

続く1926年には、ウォーカーカップがイギリスで開催され、アメリカから多くのトップアマが大西洋を渡った。ジョーンズもその一人でウォーカーカップの後、全英アマに出場するも、残念ながら準々決勝で涙を飲んだ。この後、ジョーンズは帰国の予定を遅らせて全英オープンへ挑戦。当時は参加者の全員が予選から出場していた。

予選の会場はロンドン郊外の名コース、サニングデールGCのオールドコース。ジョーンズはここで、イン33、アウト33、しかも、33ショットで33パット、コースレコードの66を記録した。これは現在もクラブ史を飾る有名な話である。

さらにロイヤルリザム&セントアンズGCの本戦では、最終ラウンドの17番パー4でフェアウェイ左のバンカーから奇跡的な第2打を放ち、同スコアで並ぶアル・ワトラスを突き放して優勝を決定した。

現在この場所にも記念のプレートが埋め込まれ、使用したクラブはロイヤルリザムのクラブハウス内に飾られている。

この年は、オハイオ州コロンバスのサイオトCC（ジャック・ニクラスの育ったコース）で全米オープンにも優勝。両オープンの同年制覇はこれが史上最初の記録である。

翌1927年にはディフェンディングチャンピオンとしてセントアンドリュースのオールドコースで開催された全英オープンに出場、これを制している。ジョーンズの全英オープン初出場は1921年。同じオールドコースの11番パー3でグリーン手前のバンカーからの脱出にてこずり、ゲームを放棄している。この1927年の勝利は、かつて味わった苦いコースへの敗北に対するリベンジでもあった。同年の全米アマはミネソタ州ミネアポリスに近いミニカーダCCで制覇、その翌1928年の全米アマはボストン郊外のブレイバーンCCで連覇。これで全米アマは通算で4勝となった。

1929年は、ニューヨーク市の北、ママロネックにあるウィングドフットGCで行われた全米オープンに優勝。最終ラウンドの18番ホールで右に曲がる12フィートの難しいパットを決めてトップのアル・エスピノサと並び、プレーオフに持ち込んでの劇的な勝利であった。このパッティングシーンは有名なゴルフ絵画となっている。

またジョーンズの勝利を祝う25周年記念の集まりがクラブで催された折、多数の名プレーヤーが同じ場所からパットを試みたが、ことごとく外れたという逸話もある。

引退、そして病魔との闘い

メジャーでの勝利を積み重ねながらも、ハーバード大学での英文学の学位取得に加え、エモリー大学の法学部で学びながらアマチュア資格を維持して競技人生を続けることにはかなりの無理があった。ジョージア州の司法試験に合格した1928年、次のウォーカーカップがイギリスで開催される1930年を最後の年と決め、ジョーンズは密かにグランドスラム★を狙っていた。

この年、まず全英アマをセントアンドリュースのオールドコースで、次いで全英オープンをロイヤルリバプールGCで、帰国後、全米オープンをミネソタ州のインターラーケンCCで制覇。4冠最後の大会、全米アマはメリオンでの闘いとなった。

決勝は36ホールのマッチプレー。しかしジョーンズは29ホール目となる11番で勝負をつけてしまう。8&7の大差による夢のグランドスラム達成であった。この11番ティーには、現在、ジョーンズの偉業を讃えた記念碑が建てられている。

公式競技から引退後、ジョーンズは2回スコットランドのセントアンドリュースを訪れている。ゴルフの聖地と呼ばれるこの街は、ジャーンズにとっても特別な思い出の地であった。ストロークプレーの全英オープン、マッチプレーの全英アマの両方に優勝。友人、知人も多い。

最初の訪問は1936年。ベルリンオリンピックの観戦が主目的のヨーロッパ旅行で、途中スコットランドのグレンイーグルスに立ち寄ってゴルフを楽しむことにしていた。ここからセントアンドリュースは目と鼻の先である。非公式に手を回して、こっそりと静かにプレーする予定であった。

しかしオールドコースを訪ねてみると、噂を漏れ聞いて集まった大変な数の観客に出迎えられた。一行は予定を変更。アトランタからの友人はプレーを断念し、ジョーンズの相手役をR&Aの名誉プロ、ウイリー・オクタローニーに譲った。

しばらくゲームから遠ざかっていたジョーンズは、最初は遊びのつもりであったが、体が次第にかつてのトーナメントゴルフを思い出し、全盛期を彷彿させる素晴らしいゴルフをセントアンドリュースの市民へ披露する。観衆はその美技に酔いしれたという。

最後となったのが1958年の訪問である。この時、ジョーンズは10年前から続く背中の痛みのため、車椅子を使っていた。

1948年のある日、イーストレークでインからスタートしたジョーンズは終盤に近い8番ホールのティーショットを左の林に打ち込んだ。珍しい光景に同伴プレーヤーは驚いた。翌日、病院を訪ねたジョーンズは、以後プレーから遠ざかる。病との苦闘が始まったのである。

最後の訪問は、セントアンドリュースの街から与えられた名誉市民授与式への出席のためのものであった。この栄誉はアメリカ人では、ベンジャミン・フランクリン*以来のことである。この時ジョーンズが行ったスピーチは歴史に残る名演説とされている。

事前にスピーチの原稿を市へ届けるように何回も要請されたジョーンズは、これを断り続けた。聞く人の顔を見ない限り言葉は浮かんでこないという理由であった。

ジョーンズは事前に原稿を用意したスピーチは生涯で一度も行なったことがなかった。会場では車椅子から立ち上がり、「友人とは何か」を見事な言葉で語りかけ、満場から大喝采を受ける。ハーバード大学で育まれた英文学の素養が遺憾なく発揮された光景であった。

死後に実現したジョーンズの夢

話をイーストレークGCに戻そう。1960年代、アトランタが南部サンベルトの中心地として拡大するにつれ、コース周辺の治安は急速に悪化した。スラム化した一帯は危険区域となり、コースのいたるところがバンダリズム（破壊行為）の対象となった。

親クラブのアトランタアスレチックCでは、理事会での討議の結果、北東部の新開地に新コースを建設し、イーストレークを売却することにした。新コースは、ジョーンズお気に入りのロバート・トレント・ジョーンズの設計で、27ホールでスタートした。

ボビージョーンズの生涯

1902	ジョージア州アトランタにて生誕
1911	9歳でジュニア競技デビュー
1916	14歳で全米アマ初出場
1923	21歳で全米オープン初優勝
1924	全米アマ初優勝
1925	全米アマ優勝
1926	全英オープンと全米オープン優勝
1927	全英オープンと全米アマ優勝
1928	全米アマ優勝
1929	全米オープン優勝
1930	年間グランドスラム達成　競技ゴルフ引退
1931	オーガスタナショナル造成に着手
1934	第1回マスターズ招待試合開催
1948	発病、車椅子生活に入る
1971	アトランタの自宅で死去　69歳

ジョーンズは、このアトランタアスレチックの新コースへ是非全米オープンを誘致したいと考え、1971年11月、その旨をUSGA宛の手紙にしたためた。ジョーンズが他界したのは、そのわずか1カ月後、12月18日のことである。

しかし、そのジョーンズの意思が力となり、米国建国二百周年を祝う1976年の全米オープンは、南部では異例ながらアトランタアスレチックCで開催された。優勝者は2年前の全米アマ覇者で、同じ南部出身の、ジェリー・ペイトであった。

＊Benjamin Franklin（1706－1790）は、米国の政治家、物理学者、凧を用いた実験で、雷が電気であることを証明、100ドル紙幣に肖像が描かれている。米国建国の父の一人として讃えられる

★

Bobby Jones
ボビー・ジョーンズ
(1902−1971)
1930年、全英アマ、全英OPを同年制覇し、帰国した際のパレード。ニューヨークのブロードウェイを背景に英顔を見せる球聖

1920年の全米OPの際の、ハリーバードンと20歳のボビー・ジョーンズ

1927年、全米アマに優勝したジョーンズ。この写真は本人、お気に入りの一枚

JAPAN

第四章 日本編

日本編　その1

日本最古、神戸ゴルフ倶楽部の誕生

日本ゴルフの発祥は、神戸在住のイギリス人アーサー・グルームが六甲山上に4ホールを造った1901年とされている。日本最古のゴルフクラブとなる神戸ゴルフ倶楽部がこの地に誕生したのは、その2年後、1903年のことであった。

神戸ゴルフ倶楽部の年史をひもといてみると、冒頭の「〝日本のセントアンドリュース〟の発端」のくだりは次の文章から始まっている。

「〝ゴルフの戯はけだしゲルマンより来たりしものならん、然れども当今は専らスコットランドに流行してその国の遊戯となれり……〟

明治12年（1879年）、文部省発行の【百科全書・体操および戸外遊戯】と題する小冊子のなかに、上記の書き出しで始まる【ゴルフ】戯の項がみられる。歴史に始まって用具の解説、ゲームの仕方、はては上達法まで延々50ページにわたり図入りで記されているが、これが、日本語で書かれたゴルフ文献の最古のものである。しかしながら、当時この一文に目を通す機会を得たごく少数の日本人にとっても、ゴルフは、遠い国の異人さんたちの奇妙なゲームとのみ映ったはずである。六甲山上において、初めてゴルフが行われるようになったのは、これよりさらに20年後のことである」

ゴルフの歴史をつぶさに眺めれば、セントアンドリュースが世界最古のゴルフコースであるかは疑問である。現在はコースとして残っていないが、エディンバラ近郊のリースリンクス、内陸にあったブランツフィールドリンクス、かつてのスコットランドの首都パースにあるノースインチなどを含め、最古のゴルフコース候補はいくつかある。

しかし、〝現在に繋がるゴルフ〟の視点からは、セントアンドリュースを〝中心的なゴルフ発祥の地〟とすることに疑念は残らない。

同様に、六甲山上にある神戸ゴルフ倶楽部のホームコースを日本のセントアンドリュースといっても異論はあるまい。

すでにゴルフが大衆化していたスコットランド

文部省発行の小冊子に「当今は専らスコットランドに流行してその国の遊戯となれり……」とあるように、この小冊子が発行された1879年当時のスコットランドは、まさにゴルフの大衆化が進みつつある時代であった。

全英オープンはこの年で19回目を迎え、セントアンドリュースのオールドコースで開催されていた。優勝者はこのコースで親子二代にわたりキャディを務めたプロのジェミー・アンダーソン。3連覇であった。全英オープンはもともと、新設のプレストウィックGC主催で1860年に開始されたものだが、この頃には主催クラブに、古い歴史を持つセントアンドリュースのR&A（ロイヤル・アンド・エンシェント・ゴルフクラブ・オブ・セントアンドリュース）とエディンバラのオナラブル・カンパニーの2つが加わっていた。

開催コースとしては、それぞれのホームコースであるプレストウィック、セントアンドリュースのオールドコース、マッセルバラリンクスの3つが持ちまわりで使用されている。

1848年に、旧来のフェザリーボールに代わって出現した安価で耐久性に優れたガタパーチャボールと、鉄道の登場が相まって、ゴルフは急速に普及していった。

スコットランドのゴルフクラブの数は1800年の時点で、わずか9個であったものが、1881年には49個にまで増えている。

1879年に発行された小冊子に書かれた「ゴルフはスコットランド人の〝国戯〟となれり……」の表現は当を得ていたといえるだろう。

ちなみに、この小冊子のいう「ゲルマンより来たりしものならん」は、ゴルフ発祥ヨーロッパ大陸説に立っており、ゲルマン人を広く解釈すれば、それなりに筋は通る。

日本贔屓だったアーサー・グルーム

我が国で最も古い歴史を持つゴルフクラブ、神戸ゴルフ倶楽部は、ゴルフが日本の文献に初めて登場した約20年後、1903年に設立された。そのホームコースの原型が造られたのはその2年前の1901年、4ホールながら日本最初のゴルフコースとして六甲山上に誕生していた。

建設したのは神戸在住の貿易商人、イギリス人のアーサー・グルームであった。★

グルームは開国された日本との貿易の可能性を見込んで、1868年（明治元年）に神戸の弁天浜に上陸した。

22歳の彼は、兄フランシス*の商売を手伝うためロンドンからはるばるやって来たのである。

その年、グルームは日本人女性の宮崎直と結婚している。

4年後には兄の経営するグラバー商会から独立して茶の貿易を始めたが、その後の20余年間で生糸やホテル経営にも手を伸ばし、事業家として成功した。

その結果壮年時には神戸の外人居留地の管理機関であった外国人居留会議で重要な役割を果たすようになっていた。

日本人の妻との間には、うち6人が夭折したものの、15人の子どもをもうけている。もちろん、グルームは大変な日本贔屓であった。このことは、神戸ゴルフ倶楽部の

＊兄は武器商人として幕末の日本で活躍したトーマス・グラバーとともにグラバー商会を設立したフランシス・グルーム。グラバーの息子、倉場富三郎は1913年、日本最古のパブリック、雲仙ゴルフ場を開設に導いた

性格を決定する上で無視できない要素でもあった。

避暑地に造られた最古の4ホール

アーサー・グルームは、元来ゴルファーではなかった。しかし、名前からみてスコットランド系の血筋をひいていたと推察できる。

多くの趣味を持っており、絵を描いたり、芝居を見たりの傍ら、スポーツにも熱中していた。水泳、ボート、クリケットの他、狩猟と射撃も好んだ。

グルームを六甲山に結びつけたのはこの狩猟であった。しかし、六甲と出合ったグルームは、獲物よりも下界を見渡す絶景に魅了された。

1895年、グルームは一帯の土地を共有する13村から1万坪の土地を借り受けて、別荘を建てる。これが六甲山頂に造られた最初の人家であったといわれている。

この地が気に入ったグルームは、借地の中の適当な場所に家を建設しては、友人に譲渡した。こうしてこの一角には別荘が立ち並び、神戸在住の外人たちのサマーリゾート地となっていった。

グルームの別荘は外人居留地にあった彼の商館番号101番にちなんで「百壱」と呼ばれていたという。

1901年（明治34年）に、このサマーリゾート地に4ホールのゴルフコースが造られ、仲間内でプレーが楽しまれるようになった。

これが日本におけるゴルフの始まりである。

1888年にニューヨークのマンハッタンの北、ヨンカースでジョン・リードと5人の仲間が始めたセントアンドリュースGCの最初のプレーに似ていて、何か微笑ましい感じがする。

この初歩的なコースを基本とし、ゴルフの本場スコットランド生まれのアダムソンとマックマートリーなる人物が設計して9ホールになったとされている。

もちろん、この2人はコース設計の世界ではまったく馴染みのない名前である。パッティンググリーンは芝ではなく、砂を固めたサンドグリーンであった。ここに芝のグリーンが登場するのは、この30年も後のことである。なお、付け加えるならば、アメリカの有名リゾートコース、パインハーストも1930年代までは、ここと同じ砂のグリーンであった。

ゴルフを世界に広めたイギリス人

神戸ゴルフ倶楽部はこの9ホールを基盤に1903年2月27日に設立された。クラブの創立総会は神戸商工会議所で開催されている。出席者26名はすべて外国人。選出されたプレジデント(理事長)、キャプテン、名誉書記は皆イギリス人であったが、兵庫県知事をパトロンに決定している。

発足当時のメンバーは134人で、日本人も6人含まれていたがゴルファーではなく、地元の名士かメンバーの友人、そして、数人のドイツ人とフランス人を除くと残りは全員がイギリス人であった。

同年の5月24日にはコースにおいてクラブの発会式が行われ、パトロンの兵庫県知事以外にも、神戸市長、神戸税関長、英国領事が招待されている。

翌年は、2月に日露戦争が始まりシーズンの開幕が遅れたが、この年の10月にはさらに9ホールが追加されて正規の18ホールが誕生した。

下界との交通には駕籠が使われ、日本人の会員数も少しずつ増加。年月を経ながらクラブは地元に定着していった。

日本以外でも、イギリスの植民地政策が進むなかで、スコットランド系のイギリス人がゴルフを世界の各国に持ちこんでいる。インドでは1829年にカルカッタ、1842年にボンベイ、南アフリカでは1885年にケープタウンでゴルフクラブが設立された。

カナダでは1873年にロイヤルモントリオールGC、1874年にケベックGCが、オーストラリアでは1847年にメルボルンGC、ニュージーランドでは1863年にオタゴGCが誕生。

アメリカでは建国以前の1743年に植民地サウスカロライナのチャールストンへ、96本のゴルフクラブと432個のゴルフボールがエディンバラの港から発送された記録があり、1786年にはチャールストンで、1794年にはジョージアのサバンナでクラブの存在が証明されている。

同様にアジアでも１８８９年に香港、１８９１年にシンガポール、１８９３年にクアラルンプールにクラブが誕生した。

これらのクラブの共通点は、すべてイギリスから赴任して来た商人、役人および軍人たちのクラブで、現地人には閉鎖的であったことだ。

神戸ゴルフ倶楽部は日本の開国が遅れたために、その設立時期は遅いが、現地人（すなわち日本人）に対して極めて寛大でかつ開放的という特徴を持っていた。

これは中心人物のグルームの日本贔屓と大きく関係している。このことは、日本での以後のゴルフの発展普及に大きな意味を持ったといって良いだろう。

世界から見た神戸ゴルフ倶楽部

ここで、１９０３年当時の英米の様子に目を向けてみよう。

イギリスでは現在でも最高の内陸コースと讃えられるサニングデールＧＣのオールドコースが２年前に開場し、後に近代設計の父と呼ばれたハリー・コルトが支配人に納まっていた。

また、戦略型設計の理論を創り出した、ジョン・ローが、ゴルフ界の古典とされる名著『Concerning Golf』を発表したのも、ＯＣＧＳ（オックスフォードとケンブリッジ両大学のゴルフ部ＯＢのゴルフクラブ。１８９８年に、ジョン・ローが創設）がアメリカ遠征を行い、後のウォーカーカップの素地を作ったのもこの年だった。

さらに同年、生涯で全英オープン6勝の大記録を打ち立てたハリー・バードンがプレストウィックで、その4勝目を記録している。この頃までに、ゴルフの中心は完全に、スコットランドからイングランドへ移行していた。

アメリカではこの9年前に全米ゴルフ協会が設立され、R&Aに一歩先んじてゴルフルールを統一管理し、全米アマと全米オープンを主催していた。

コース建設では、この年、今も全米オープンに使われる難コース、オークモントCCの建設が始まり、翌年にはウォルター・トラビスがセンターシャフトのパターを使って、アメリカ人最初の全英アマ制覇を果たしている。

神戸ゴルフ倶楽部の誕生は、世界のゴルフ史から眺めると、このように、競技ゴルフが隆盛を迎えようとしていた時期であった。

Arthur Hesketh Groom
アーサー・グルーム
(1846−1918)
登山と狩猟の目的で登った六甲山の景色に心を動かされ、1895年(明治28年)、山頂三石岩の付近に別荘を建設。リゾートとしての六甲の開祖としても知られる

グルームを囲む、1907年当時の神戸と横浜のメンバーたち。写真は第4回神戸VS横浜の対抗戦(神戸勝利)

Kobe Golf Club
神戸ゴルフ倶楽部1903年設立
A.H.グルーム設計。1904年当時の18番ティーからの風景。グリーンは白砂のサンドグリーン。クラブを担いでいるのは少年キャディたち

日本編　その2

日本人による日本人初のゴルフクラブ

神戸ゴルフ倶楽部から遅れること11年、関東に誕生した「東京ゴルフ倶楽部」。神戸はアーサー・グルーム中心の外国人によって造られたコースだったが、東京は井上準之助が造った〝日本人による初めてのコース〟となった。

1903年に発足した「神戸ゴルフ倶楽部」に刺激されて、3年後の1906年、横浜の根岸に「ニッポン・レース・クラブ・ゴルフィング・アソシエイション（NRCGA）」が設立された。当時、横浜は神戸と並ぶ代表的な貿易港で、多くの外国商人が特定居留地で暮らしていた。NRCGAは彼ら外国人たちのゴルフクラブで、芝のグリーンを持つ9ホールのコースが根岸にあった競馬場のレーストラック内に造られた。会員制の競馬場は明治維新前の1866年から続く彼らの社交と娯楽の場所で、1880年には日本人の入会も認められたがメンバーは外国人ばかりであった。

設立の翌年、根岸のクラブは先輩格の神戸ゴルフ倶楽部と対抗戦を開始し、第1回大会は1907年8月に六甲で行われた。双方が港街のクラブということで「インターポート・マッチ」と呼ばれ、交互にホームコースを会場とする毎年の恒例行事となった。互いのライバル意識は大変なもので、神戸では六甲の18ホールに各々ニックネームを付けたが、最も平凡で魅力に乏しい5番ホールを「横浜」と名付けたほどである。

両クラブはクラブ対抗戦と並んで個人のベストゴルファーを決定する36ホールのメダルプレーを企画し、これを「日本アマチュアゴルフ選手権」と呼んだ。第一回大会はインターポート・マッチの2カ月後、1907年10月に六甲で開催された。あいにく、当日の天気は土砂降りで、参加14人中ノーリターンが5人も出たが、香港上海銀行の横浜支店長であった、根岸のA・B・ローソンが初代優勝の栄誉に輝いた。日本人の参加はおろか、関与もしていない大会がなぜ「日本アマ」なのかと不思議である。しかし、現在でもこの大会が「日本アマ」のスタートとされている。ちなみにアメリカでは、1894年にUSGA（全米ゴルフ協会）が設立され、その主催の下で翌1895年から「全米アマ」と「全米オープン」が始まっている。

井上準之助が造った東京ゴルフ倶楽部

排他的な根岸のクラブをよそに、関東で最初に日本人の手で造られたクラブが「東★

京ゴルフ倶楽部」である。関西の「鳴尾ゴルフ倶楽部」より7年早く、ヨーロッパで第一次大戦が勃発する前年、１９１３年に創られた。

中心人物の★井上準之助は、日銀ニューヨーク代理店監督役としてアメリカに駐在した時、現地でゴルフを覚えた。この頃は横浜正金銀行の頭取で、後に日銀総裁と大蔵大臣の要職も経験している。

日本ゴルフ史上で東京ＧＣの持つ意義は、最初に創られた「日本人による日本人のゴルフクラブ」であり、以後、日本のゴルフ発展の基軸となったことである。

ところで、最初に外国でゴルフを経験した日本人は後に海軍機関少将となる水谷叔彦であったとされる。ゴルフの故郷のイギリスで、ロンドン郊外グリニッジのイギリス海軍大学に留学中、近くのロイヤルブラックヒースＧＣで１８９６年から帰国までの2年間ゴルフをプレーしている。このコースは１６０３年にスコットランド王に加え、イングランド王も兼ねることとなったジェームス１世に同行して、エディンバラからやって来たフリーメイソンの一団が造った由緒あるコースである。残念ながら今はない。

他方、アメリカ組で初とされるのは新井領一郎である。生糸貿易商の新井は１８７６年にアメリカへ渡ってニューヨークに在住、１８９９年からゴルフを始めている。通ったコースはアトランティックシティのノースフィールドリンクス（現アトランティックシティＣＣ）で、ここはニュージャージー州の南部海岸に位置し、当時、東部の大都市に住む熱心なゴルファーたちには人気の高い冬場のリゾートであった。

ゴルフの魅力に取りつかれた新井は、ニューヨークで知り合った日本人に極力ゴルフを勧めたが、特に強力な勧誘を受けた人物が他ならぬ日銀の井上であったという。

帰国した井上は日本でもゴルフを続けようと思ったが、関東に一つしかない根岸のクラブは日本人に好意的でない。そこで自由にプレーが楽しめるゴルフクラブを設立したいと考え、親友で貴族院議員の樺山愛輔（海軍大将・樺山資紀の子息で日英水電社長）と同郷で大分県出身の荒川新十郎（横浜生糸社長）を抱き込み、3人が発起人となって、虎ノ門にあった社交クラブ「東京倶楽部」の会員に呼びかけた。こうして第一次出資者の32人が集まり、ゴルフクラブへの出資母体「東京ゴルフ・アソシエイション」が作られた。これが東京ゴルフ倶楽部の出発点になる。

場所は駒沢、クラブハウスは元迎賓館

コース地には駒沢にある雑木林を選んだ。既に1907年より東京から玉川電車が開通し、交通が便利になっていたからである。鉄道の駅に隣接して新コースが建設された例はゴルフの母国イギリスでも同じであった。

出資母体が法人格のない任意団体のため、3・5万坪の土地を借り受ける地主との交渉は、すべて井上が個人で行った。地主連中は、聞いたこともない「ゴルフ」なるもののために本当に地代を払ってくれるのかと不安がり、交渉は難航を極めた。契約

調印は銀行で、という井上を簡単に信用せず、彼がどんな家に住んでいるかを確かめるため自宅に押しかけた。幸い頭取の邸宅は大名級の屋敷で、地主たちは安心したという逸話が残っている。しかし、その後にも厳しい地代の値上げ交渉が続けられ、土地問題は頭痛の種となった。

　コース設計は根岸のメンバー2人、キャプテンのG・G・ブレイディと第2回日本アマ優勝者のF・E・コルチェスターに頼んだ。共にコース設計の専門家ではない。最初の6ホールは、借地を1万坪増やして4・5万坪とし、すぐに9ホールへ増設。盛り上げたティーは「砲台」と呼ばれ、サンドグリーンの形状は珍しく四角形であった。クラブハウスには、井上の政治力で1914年に大正天皇の即位を記念して上野で催された「東京大正博覧会」*での★迎賓館を譲り受け、これをコースへ移して使用した。

　クラブの会員数は順調に増加、1916年には137人（内14人が外国人、19人が遠隔地会員）、1920年には269人にまで達している。

土地問題が深刻化。駒沢コースの危機

　東京GCでは、開場翌年の1915年に根岸との交歓試合「インタータウン・マッチ」を開始した。東京と横浜の対抗戦という意味である。

　さらに2年後、神戸との対抗戦「インタークラブマッチ」が始められ、これがきっ

かけで、東京ＧＣの駒沢コースも「日本アマ選手権」の会場ローテーションに入れてもらうことになった。駒沢での初開催は１９１８年の第12回大会である。これに先立つ１９１６年、三井物産のニューヨークでゴルフを覚えた東京ＧＣの一色虎児が第10回大会に日本人として初参加したが、14人中13位に終わっていた。

しかし、この記念すべき駒沢での初大会では、東京ＧＣの井上信が日本人として初のチャンピオンに輝き、しかも上位５人がことごとく日本人であった。続く１９１９年は川崎肇、１９２１年には田中善三郎、１９２２年には大谷光明が優勝。その２年後の１９２４年には川崎肇、野村駿吉、大谷光明、赤星四郎の４人でプレーオフを争い、川崎肇が勝利を手にしている。

ここに名前のあがったゴルファーは全員が東京ＧＣのメンバーで、彼らは皆、駒沢のコースで腕を磨き、短期間のうちに外国人ゴルファーを凌ぐまでに成長したのである。もちろん神戸や根岸との対抗戦によって、技術のみならず試合運びも学んだことであろう。

しかし、最初から頭を痛めた駒沢の土地問題は18ホールへの拡張計画を困難にした。東京ＧＣでは１９２２年、ついに駒沢を捨ててコースを横浜の保土ヶ谷へ移すことにし、設計を横浜で材木商を営むウォルター・フォバーグに依頼した。

彼は10年間シカゴ郊外の名門スコーキーＣＣでヘッドプロを勤めた後、西海岸へ移

＊ 大正天皇即位の奉祝と大正時代の幕開けを告げ、大正３（１９１４）年に東京上野公園、不忍池畔等を会場として開催。４カ月間で延べ７４６万３４００人が来訪。ケーブルカーや日本初のエスカレーター等の新技術が紹介された

住。1917年にはサンフランシスコでレークサイドG&CCを共同設計したが、ここは現在全米オープンに使われるオリンピックCレークコースの原型となったものである。また、スコーキーはジーン・サラゼンの全米オープン初優勝（フォバーグが去った後の1922年）のコースとしても有名である。ルートプランを描いてグリーンを1つだけ造ってみせたフォバーグは、あとは同じ方法で造るように指示すると、商売の都合でアメリカへ帰国してしまった。残された日本人メンバーたちは、試行錯誤を重ね苦労の末に何とかコースを完成させた。

もし、フォバーグがコースを完成させていれば、この保土ヶ谷のコースが専門の設計家に依頼した、日本で最初のコースになっていたことであろう。

昭和天皇と英皇太子の親善マッチで駒沢コース復活

他方、この年、駒沢コースでは、来日したイギリスの皇太子★（後のエドワード8世）と日本の摂政殿下（後の昭和天皇）との間で9ホールの親善試合が行われた。変則のスリーボールマッチ（日本側はワンボール、イギリス側はツーボールのベストボール）で、大谷光明とハルゼー侍従長が相手役を務め、試合は見事イギリス側のワンアップで終わった。

このイギリス皇太子のゴルフ好きは有名であるが、摂政殿下もかなりお好きであった。勧めたのは西園寺八郎と森村市左衛門で、2人は三井物産ニューヨークの井上信に依頼してゴルフクラブを送ってもらい、当時16歳の殿下に献上した。

井上は前述のように、翌年帰国して日本アマの日本人最初の優勝者となっている。そして、殿下のためのコースは、1919年西園寺八郎が赤坂御苑に4ホールを、1922年、大谷光明が新宿御苑に9ホールを設計*した。だが、いずれも日中戦争時に閉鎖されてしまった。

また、ロンドンのロイヤルミッドサリーGCのクラブ史では、殿下は外遊でオックスフォードへ訪問時に、全英オープンを5回制したジョン・H・テイラーより、このクラブでゴルフの指導を受けたとされている。

既に立ち去ることが決まっていた駒沢コースは、この親善マッチで息を吹き返した。東京GCはさらに4・5万坪を借り増ししてコースを18ホールへ拡大し、ここにとどまることとなった。その結果、保土ヶ谷では新設のコースを基盤に独立のクラブが設立され、東京GCに続く関東で3番目の「程ヶ谷カントリー倶楽部」が誕生した。

なお、東京GC設立の功労者、井上準之助は大蔵大臣を退官後、民政党の筆頭総務として政治活動に専心したが、1932年、右翼の凶弾に倒れ不幸な死を遂げた。ゴルフを愛した氏の柩には、愛用のハンチングとニッカーボッカーズの他に、クラブ2セット（1つは友人から送られたアメリカの新製品で死の翌日に届いた）が入れ

＊ 1930年ウォルター・ヘーゲンが来日した際、この新宿御苑で、天皇陛下に妙技を披露。皇居の吹上御苑内にも1928年秋、6ホールのコースが誕生（のち9ホール）、他に那須、葉山、沼津等の御用邸内にも2〜3ホールあったが、これらも戦争のために閉鎖された

られ茶毘に付された。

さて、第一次大戦を挟む前後のこの時期、海外のゴルフ事情はどうであっただろうか。イギリスではハリー・バードン、ジョン・H・テイラー、ジェームス・ブレイドによる「トライアンビレート」時代が終わりに近づき、イングランドのゴルフに陰りが見え始めていた。コース設計では「近代設計の父」と呼ばれるハリー・コルトがサニングデールGCの支配人を辞して、本式にコース設計へ乗り出したが、助手役のアリスター・マッケンジーとチャールズ・ヒュー・アリソンも戦争に駆り出され、国内ではコース設計は一服状態にあった。

一方、アメリカではゴルフブームが続いていた。1913年にはアマチュアのフランシス・ウィメットが全英オープン覇者であるイギリス人のプロを破って全米オープンを制覇、国中を沸き上がらせた。コース設計では、現在も名コースと讃えられる大型コースが次々に誕生した。

1909年にはチャールズ・マクドナルドの理想のコース、ナショナルGLが、続いて、メリオンGC、パインバレーGC、ペブルビーチGL等などが姿を現した。

そして、これ等の名コースで育てられたゴルファーたちが、大戦明けの1920年代に、イギリスを凌駕するアメリカンゴルフの足場を築くことになる。

Edward VIII, Prince Of Wales,
And Prince Hirohito In Japan

1922年4月19日、駒沢コースにて昭和天皇（摂政殿下時代）と、英国皇太子の９ホールの親善試合が行われた。これを機に駒沢コースは移転の危機を免れた

Tokyo Golf Club Komazawa Course

東京ゴルフ倶楽部駒沢コース　1914年開場
G・G・ブレイディとF・E・コルチェスター設計

当時は大切山（でんぎりやま）と呼ばれ、ウサギ狩りの地だった駒沢。現在の駒沢オリンピック公園。写真の建物は、大正天皇の即位を記念して上野で催された「東京大正博覧会」の迎賓館を譲り受けたクラブハウス

Junnosuke Inoue

井上準之助
（1869−1932）
大分県日田市の造り酒屋に生まれる。東京帝国大学法学科卒業後日本銀行に入行。第9、11代日本銀行総裁後、大蔵大臣に。東京ゴルフ倶楽部を設立。日本ゴルフ界の父といわれる

日本編　その3

日本人と外国人が融合したゴルフクラブ「鳴尾」の誕生

日本のゴルフ史は外国人が主体となった「神戸GC」で始まったが、やがて、日本人が外国人を巻き込んで「鳴尾ゴルフ倶楽部」が誕生する。だが、クラブ結成まで、そして猪名川へ落ち着くまでの道のりは険しいものだった。

アーサー・グルームが始めた、日本のゴルフ発祥の地でもある六甲山上の神戸ゴルフ倶楽部（神戸GC）は、夏のリゾート地として出発したものであった。標高が高い場所にあったため、冬は寒くプレーには適さなかった。六甲山でゴルフの味を覚えた神戸在住のゴルファーの中から〝年間を置かずして、六甲山でゴルフ……

間を通してプレー可能なコース〟を希望する者が現われた。それを叶える形で出現したのが「横屋ゴルフ・アソシエイション（横屋GA）」で、神戸GC設立の翌年、即ち1904年に誕生した。

ゴルフクラブはイギリスでは〝カンパニー〟や〝ソサエティ〟と呼んでいるが、アソシエイションというのは日本が初めてで珍しく、1906年、横浜の根岸競馬場内のコースを拠点にしたクラブも「ニッポン・レース・クラブ・ゴルフィング・アソシエイション（NRCGA）」と名乗っている。

横屋を造った貿易商ロビンソン

横屋GAの創始者は、神戸GCの創立メンバーの一人で、やはりイギリス人貿易商のウィリアム・ジョン・ロビンソンである。コースには、たまたまアーサー・グルームが所有する土地が使われた。当時明治政府が条約改正を進めるなか、グルームには一抹の不安があった。

もし条約改正となれば、神戸の外人居留地が廃止され市内雑居となり、その場合自分たちのボートクラブ、神戸レガッタ&アスレチッククラブは今の場所から立ち退きを強いられるかもしれない。彼はこの事態に備えて、外人居留地の外にそのボートクラブ用の場所の手当をしていたが、結果としてその必要はなくなり、土地は遊んでいた。

これに目を付けグルームの許可を得たロビンソンは、ここに6ホールのゴルフコースを造ったが、ティーとグリーンは砂を固めたもので芝は生えていない。必要資金の600円は全額ロビンソンが負担し、外国人のみの13人のメンバーでクラブはスタートを切った。当時の貨幣価値を知る上でゴルフ関連の値段を調べてみると、キャディフィが1日25銭といったところ。弁当代は96銭の時代であった。

日露戦争でもここは別世界

横屋ＧＡが誕生し、コースの場所も確保し、いよいよコース造りに着手することになった。コースの建設工事は近くに住む福井藤太郎（息子の★覚治は日本第1号プロ）が手伝った。外から土を持ってきてティーと、グリーンを盛り上げ、砂で覆う。当初、クラブハウスには彼の自宅座敷が使われたが、やがてスタンダード石油が所有していた仲仕の溜まり小屋へ移された。コースは極めて粗雑、キャディは近くの農家の子どもという具合であったが、冬場にプレーできるという魅力にひかれてメンバー数は13人から26人にまで膨らんだ。コースが造られた１９０４年の2月には日露戦争が勃発し、コース造りを助けた福井藤太郎の息子も戦争に駆り出されている。日本国内は騒然としていたが、横屋ＧＡのメンバー26人は新しくできたコースでゴルフを楽しむ余裕があり、神戸に住む外国人たちは世間とは別世界の生活を送っていた。

さて、横屋ＧＡを作ったロビンソンと神戸ＧＣを造ったグルームは、共に日本でのゴルフのパイオニアながら、お互いのプロジェクトへの取り組み方は極めて対照的であった。グルームの場合はまず、別荘を建設しては友人に譲るということを繰り返し、徐々に六甲の住人を増やしてメンバーの素地を作った。次に地元の有力者やマスコミを巻き込んで〝他人の力を纏めながら〟神戸ＧＣを造りあげた。

これに対し、ロビンソンは建設費用の全額を自分で負担し、あくまで〝私的なもの〟として横屋ＧＡを出発させた。その結果、神戸ＧＣについては客観的な記述が多数残されているものの、横屋ＧＡには明確な記録が残っていない。

「横屋ＧＡ」から「鳴尾ＧＡ」へ

残念ながらロビンソンが造ったこの〝私的〟な横屋ＧＡは長続きしなかった。オープンから10年経った１９１４年、コースに使われていたグルーム所有のその土地がサミュエル商会*へ売却され、新しい所有者からの立ち退き要請で存続が不可能になったのである。ところで、このクラブの26番目、即ち最後の会員で唯一の日本人会員でもあった安部成嘉は、横浜正金銀行のロンドン支店勤務中にゴルフを覚えて帰国、同行の神戸支店長となってこの地へ赴任してきた人物であった。彼は１９１４年の入会に当たって１００円を支払ったが、その数カ月後にコースは閉鎖、１００円は純粋な入会金ではなく寄付金であったため、解散に当たって、申し訳ないと思ったロビンソンは彼にその一部を返却している。

ロビンソンは、精力的に新しい用地の物色に入った。そうして探しまわった挙げ句、横屋ＧＡ最後のメンバー、安部の紹介で運良く出会ったのが、競馬場の跡地であった。鳴尾の海岸に近い鈴木商店の所有地である。当時の鈴木商店は、関東の三井物産と貿易界で覇を競う関西の雄であった。

鈴木商店から許可をもらったロビンソンは、１９１４年、ここに新しいゴルフクラ

＊　ロイヤル・ダッチ・シェル石油は２０１２年の売上1位の世界的企業。このシェル石油の貝マークは貝殻加工として横浜でスタートした「サミュエル商会」を起源にしている

ブ「鳴尾ゴルフ・アソシエイション（鳴尾GA）」を発足させた。

サンドグリーンの9ホールはロビンソンの友人、A・C・スマートと土地紹介者の安倍成嘉が協力して造りあげた。ロビンソンの手法は今回も変わらず必要経費の400円は自分で負担。開催時にはセレモニーもなければ、新聞記者への発表もない横屋GA同様〝私的〟で静かなスタートであった。

こうして横屋GAから鳴尾GAに姿を変えたゴルフクラブ。鳴尾での開場翌年のコースの状況は、横浜で発行されていた英語のゴルフ雑誌『Bunker』（1915年12月創刊～1916年11月廃刊）に次のように紹介されている。

――9ホールの鳴尾GAは昨年（1914年）冬、至るところ砂だらけであったが、今年は芝付きが大変良い。従って、ボールのライも良くなった。これはまったくウィリアム・ジョン・ロビンソン氏のお陰である。若い時はきつい六甲のコースでも良かったが、今は歳をとられ、楽な鳴尾のコースを楽しんでいる。昔は熱心なものだった。ゴルファーは皆、人は〝Grand old man of golf〟即ち〝ゴルフ界の大老〟と呼んでいる。ゴルファーは皆、熱く感謝しなければならない――

鳴尾GAの会員数は発足から2年後の1916年10月の時点で48人までに増え、その後ピーク時には89人までに達している。うち日本人が31人であった。

しかしメンバーの増加とは反対に、コース用地は3ホール減り6ホールに縮小。原因は同じ土地にあった鈴木商店の工場の拡張によるものだった。コースが変貌すると増え続けたメンバーも減り始めた。そして遂に1920年の春、鳴尾GCは西村貫一（『日本のゴルフ史』著）の表現によれば、〝何時無くなるともなく消滅してしまった〟。

解散に当たってロビンソンは、鈴木商店の金子直吉常務宛に長年無償で土地を使わせてもらったお礼の手紙をしたためた。手紙を受け取った鈴木商店秘書の芳川筍之助は、自分の一存で〝コースの芝はそのまま残すよう〟に依頼し、ロビンソンはこれを了解した。芳川筍之助は鈴木商店の社員を軸とする新しいゴルフクラブを頭に描いていたのだろう。

「鳴尾GA」の跡地に「鳴尾GC」誕生

鳴尾GAが消滅したこの頃、神戸の西、垂水の山間に新しく「舞子ゴルフ倶楽部」が建設中であった。そこにどのみち閉鎖されるのだから、と鳴尾GAの芝生を持ち出す動きがあった。これに対し、芳川筍之助は鳴尾GAに〝芝はそちらで植えたものだから持ち出しでも構わんが、植えてある土地はこちらのものだ。土は一粒たりとも持って行ってはならぬ〟という抗議文を送付した。芳川はシェイクスピアの「ベニスの商人」に出てくる〝肉だけ1ポンド、血は1滴たりとも許さぬぞ〟を真似たのかもしれない。ともかくこれによって芝の持ち出しはなくなった。

鳴尾GAが去った後には約束通りに芝が残されていた。果たして、鈴木商店の社員の中から、この跡地を利用してゴルフを始めようというグループが現われた。彼らは鈴木商店ロンドン支店勤務の高畑誠一*に依頼して10組のゴルフ道具を送ってもらった。その注文した品物が船で神戸港に到着する日には、一行はランチを仕立てて沖合まで出迎えたそうである。こうして立派な道具は手に入ったが、肝心のコースはしばらく放置されていたため荒れ放題。現場はまさに雑草と水たまりで、かつてのティーやグリーンの位置も不明であった。それでも、雑草に火をつけて焼くだけで、一応プレー可能な3ホールが姿を整えた。

ここで芳川筍之助は新しいクラブ「鳴尾ゴルフ倶楽部」の発足について、ジャパン・チャイナ・トレーディング・カンパニーに勤務する親友のA・C・ガウアー（イギリス人）に相談を持ちかけた。賛同したガウアーは、ミッチェルという会社の同僚をてことして多くの外国人ゴルファーを誘い込んだ

その中には将来、鳴尾ゴルフ倶楽部で初代キャプテンとなったW・ブッチャーも、コースの設計、建設で大活躍したクレーン兄弟もいた。こうして鈴木商店を中心に日本人と外国人の有志38人が集まって、1920年に「鳴尾ゴルフ倶楽部」が誕生した。

この当時の日本は第一次世界大戦への形式的な参戦のみで勝利の賠償金にありつき、経済は好景気を謳歌し、大正デモクラシーの絶頂期にあった。鳴尾ゴルフ倶楽部の初代理事長には、当時では珍しいMIT（マサチューセッツ工科大学）の学位を持つ鈴木商店株主の鈴木岩蔵が就任した。以下、初期のメンバーを見ると外国人は神戸在住のイギリス人貿易商の面々で、日本人は横屋GAから続く横浜正金銀行の安部成嘉、

個人的に名の通った川崎芳太郎、松方正熊、成瀬正行、そして、第一銀行、神戸ガス、大阪商船、勝田汽船、岡崎汽船、神戸桟橋など、当時の貿易、金融に関係する主力企業の役員や支店の重鎮たちであった。

3ホールだったコースはその年の夏、9ホールに拡張され、翌年の秋にはサンドグリーンを芝に張り替える工事が行われた。1924年にはその土地を提供している鈴木商店の同意を得て待望の18ホールが実現し、日本を代表するリンクスコースとなった。

入会金は当初の20円から10倍の200円に跳ね上がっていたが、入会希望者は後を絶たず、会員数は330名にまで達した。そして、誰の目にもクラブの将来は明るく、順調な発展を遂げるものと見えた。

猪名川で再出発

しかし、そんな好状況も1927年に発生した日本の金融恐慌はクラブの中心的存在であった鈴木商店を破産という事態に追い込んだ。状況は一変。コースの土地は浪華倉庫の手に渡り、次いでその債権者の台湾銀行によって川西製作所に売却された。

その結果、クラブは鈴木商店との縁が絶たれ、この地を去らざるを得なくなった。

さまざまな苦労の末、1930年にクレーン兄弟が中心となって、現在の猪名川コー

＊ 明治末期から大正にかけて世界的な規模で活躍した日本の商社、鈴木商店ロンドン支店に勤務。実業家、日商の元会長

スを完成させ、クラブはメンバーを軸として新天地での再出発を果たしたのである。

鳴尾ゴルフ倶楽部の歴史的な意義は、日本人主導で外国人を誘って関西に創った最初のクラブ、という点にある。関東では、既に1914年、日本人の手で「東京ゴルフ倶楽部」が設立されており、これに並ぶものであった。

しかし、両者には明確な違いがある。それは、関東では日本人に閉鎖的な「根岸のクラブ」に対抗する〝日本人だけのクラブ〟として誕生した。中心人物はイギリスやアメリカでの駐在期間中にプレーを覚えて帰国したゴルファーであった。これに対し関西では、鈴木商店の社員が周りの外国人を抱き込んで設立したもので、彼らは日本に住むイギリス人のプレーを見てゴルフを知った人々である。

日本人と外国人の融合という思想は神戸GCを造ったアーサー・グルームの夢であった。

同じ関西にあって横屋から始まり曲折を繰り返しながら、鳴尾、猪名川と続く鳴尾ゴルフ倶楽部の歴史は、さまざまな人の手を渡りながらも、一貫してその思想を受けついでいる。

★

Naruo Golf Club
鳴尾ゴルフ倶楽部
1920年開場
1925年クラブハウス新築祝いでの記念写真。クレーン3兄弟、西村寛一・マサ夫妻の顔も見られる

Kakuji Fukui
福井覚治
(1892−1930)
少年キャディたち、後列左の白シャツが、後に日本初のプロゴルファーとなる少年、覚治。少年キャディからロビンソンの助手となり、1920年に舞子GC(現・垂水GC)でゴルフ場専属プロに

William John Robinson
ウィリアム・ジョン・ロビンソン
(1852−不明)
神戸ゴルフ倶楽部のメンバーの「冬季もゴルフがしたい」という要望で、横屋ゴルフアソシエーションが創られた。創始者のロビンソンはグルームと並ぶ日本ゴルフ草創期の恩人

Harry C Crane
"Bertie" E Crane
クレーン兄弟　英国人の父と、日本人の母を持つ。1930年に猪名川コースを設計。弟の"Joe"・E・クレーンは垂水GCの設計者

日本編 その4

外国人のものから日本人の手へ、「日本ゴルフ協会」の設立

外国人の手によってスタートした日本のゴルフも、１９１０〜１９２０年代にかけて急速に発展の兆しを見せる。大谷光明らがＵＳＧＡをモデルにして「日本ゴルフ協会」を創立したのは１９２４年のことであった。

１９１４年に東京ゴルフ倶楽部（東京ＧＣ）が開場し、ここに所属する日本人ゴルファーの目覚ましい活躍で、１９２０年頃には日本のゴルフ事情はかなり変わってきた。１９０７年の第一回大会以来、神戸と根岸の外国人ゴルファーで優勝を分け合ってきた「日本アマ選手権」にも新しい動きが現れた。会場に１９１８年から東京ＧＣの駒沢コースが加わり、しかも、この大会で井上信★が日本人として最初の優勝を果したのである。そして、日本勢の勢いはこれに留まらなかった。翌年は根岸で川崎肇が、一年置いた１９２１年には駒沢で田中善三郎、１９２２年には神戸で大谷光明と、東京ＧＣのメンバーが続けて優勝を遂げた。

ゴルフクラブも関西では、第一号の神戸から始まり、鳴尾、舞子、それに、かつての横屋のコース跡地に生まれた甲南と、4クラブが誕生する。関東でも、外国人が造った根岸の他、東京に次いで程ヶ谷ができて3クラブとなった。その他、外国からの客を目当てに1913年には九州の雲仙に9ホールのパブリック、日本人のリゾートとして1917年には箱根の仙谷GC、さらに1921年には軽井沢GCが開場し、国内のゴルファー数も増えて来た。

大谷光明を中心に日本ゴルフ協会誕生

しかし一方では、ゴルフルールは英語で書かれており、東京GCも設立に当たり、コース設計からクラブ運営に至るまで根岸の外国人クラブに助けを借りている。また、設立翌年から始まった根岸とのインタータウン・マッチでは、東京GC代表のほうが技術では優れていながら、ゴルフルールに一日の長がある相手外国人から色々と規則上での難癖をつけられ、試合中に度々不快な場面を経験した。嫌な例は、根岸で催された1916年の日本アマに日本人として初出場した一色虎児の場合もそうであった。プレー中に「ショットの際に草が動いた」とか、事実でもない言いがかりでペナルティを課され、本来の実力を出すことが出来ず、参加14人中13位という不本意な成績に終わっている。

このルール問題の重要性を人一倍痛感していたのが、東京GCの大谷光明★であった。

そこで東京GCでは、大谷を中心にゴルフの正常な発展のためには日本人の手でゴルフルールを管理する組織が必要であると真剣に考え始めた。機が熟した1924年、駒沢コースで3回目の日本アマが開催された後、東京GCが主導して関東と関西の7クラブの代表を招集し、「日本ゴルフ協会（JGA）」の創立を決定した。出席した各クラブの代表は以下のような顔触れであった。

J・D・トムソン、F・W・マッキー（神戸GC）、A・E・ピアソン、E・C・ジェフリー（NRCGA、根岸）、大谷光明、G・H・モーガー（東京GC）、西村貫一、W・ブッチャー（鳴尾GC）、南郷三郎（舞子GC）、井上信（程ヶ谷CC）、伊藤長蔵（甲南GC）。

ここに名前の挙がった5人の日本人はいずれも初期の日本ゴルフ界を代表する人物ばかりである。大谷は後に詳述するとして、西村は日本人最初のゴルフ史研究家で、1930年に出版した『日本のゴルフ史』はその代表作である。

南郷は関東と関西の両方に人脈を持つゴルフ界の重鎮で、JGAの初代会長となっている。井上は日本人として最初の日本アマ優勝者。伊藤は関西にあって日本人で最初のゴルフ雑誌の発行者、英語で書かれたゴルフレッスン書の編集者である。そのうえ、コースの設計・建設にも詳しく、後にチャールズ・ヒュー・アリソンの設計による廣野GCの建設現場を担当した人物でもあった。*

日本ゴルフ協会の当初の正式名は英語で「Japan Golf Association（JGA）」と称し、

定款、規約および細則のすべてを英文で作成することにし、その起草は東京ＧＣの大谷光明とＧ・Ｈ・モーガーが担当した。

起草者の一人でＪＧＡ設立の中心人物であった大谷は、１８８５年に京都西本願寺第21代大谷光尊門主の三男として生まれた。兄、光瑞の後を継いで一時門主となったが、数年後にこの職を息子に譲り、自分は悠々自適の生活に入った。

ゴルファーでもあった弟の尊由は画家として、また妹の九条武子は歌人として有名である。１９０７年、22歳でイギリスに留学し、２年間の滞在中にゴルフを覚えて帰国。当初は関西の神戸と横屋のコースでプレーしたが、その後、１９１５年に開場２年目の東京ＧＣに入会している。

もう一人の起草者アメリカ人のモーガーは、日米の合併会社アジア・アルミナ・カンパニーの米国側の代表役員で、１９２０年には徳川慶久や三井弁蔵と共に軽井沢ゴルフ倶楽部を創設。１９２２年には程ヶ谷ＣＣと東京ＧＣのメンバーになっている。ハンディキャップは14ながら、大変に熱心なゴルファーであった。

二人は１８９４年に発足したアメリカのＵＳＧＡ（全米ゴルフ協会）こそＪＧＡの恰好のモデルと考え、チャールズ・マクドナルドがその設立に当たって作成した定款や規則を参考にして起草した。そのため、内容はもちろん、英語の文体までがそっくりであった。

＊『GOLFERS' TREASURES』は日本人が初めて発行した英文のゴルフ文献

海外から学んださまざまなノウハウ

ＪＧＡの任務は、ゴルフルールの確立にとどまらず、それまでクラブごとに任せていたハンディキャップを統一し、さらに一歩進んで、全国的な公式競技の管轄も含めることにした。

まず、１９０７年から神戸と根岸が掌握してきた「日本アマ」は、優勝杯も含め新設のＪＧＡへ移管することを外国人側に合意してもらい、続いて、新しく「日本オープン」と「日本プロ」、それに英米のアマ対抗戦のウォーカーカップをモデルとした「アマ関東・関西対抗試合」と「プロ関東・関西対抗試合」を設定している。

協会の運営面では関東と関西のバランスを考慮して、大谷を中心に、関東を代表する東京ＧＣの浅野良三（日本鋼管社長）と、関西に影響力を持つ舞子ＧＣの南郷三郎（日本綿花社長）の３人で実行委員会を構成し、初代会長には南郷を据えた。こうして体制を整えると、大谷はイギリスへ出向いてセントアンドリュースでＲ＆Ａを訪ね、協会運営とゴルフ事情、さらにはコースの設計・建設に至るまで広く学んできた。

日本アマは１９２５年からＪＧＡの主催となった。時代遅れとなった根岸は会場から脱落、大会は六甲で開催され、東京ＧＣの川崎肇が前年の駒沢に続いて連続優勝を果たした。

これは川崎にとっての３勝目であった。当時の東京ＧＣを代表するゴルファーは、一様にイギリスかアメリカ帰りであったが、川崎は駒沢コースで育った生粋の国内派である。

翌1926年の会場には、関東で唯一18ホールを持つ新設の程ヶ谷が登場、ここをホームコースとする赤星四郎、六郎の兄弟が同スコアのトップとなった。結局、六郎がプレーオフを放棄して兄、四郎の優勝となったが、この大会がメダルプレー方式で最後の大会であった。

JGAは、イギリスから帰国した大谷の提案を採用して、1927年から日本アマと日本オープンをイギリスとアメリカに倣った競技方法、即ち、日本アマは予選がメダルプレーで本戦がマッチプレー、新しく始まる日本オープンは72ホールのメダルプレーとした。

しかし、ちょうどこの年、運悪く金融恐慌が起こり、関西で鳴尾GCを支えてきた鈴木商店が破産するという事態が発生した。状況が深刻なだけに、中止を叫ぶ声も大きかったが、JGAは強い決断で両競技とも予定通り開催に踏み切った。

新方式での日本アマは駒沢で行われ、東京GCの野村駿吉の初優勝であった。三井物産時代にアメリカでゴルフを始め、当時ゴルフの頂点に立ちつつあった、ボビー・ジョーンズに強い憧れを抱いたゴルファーである。後にJGA会長となって活躍したが、戦後、日本ゴルフの国際化では重要な働き*をなしている。

＊ 日本人として、はじめてR&Aの正会員に推薦される。カナダカップの日本開催や、世界アマチュアチーム選手権の創設などに尽力した

ＨＤＣＰは５まで、第１回日本オープンは程ヶ谷で開催

記念すべき第1回日本オープンは、前年の日本アマ会場となった程ヶ谷で行われた。参加資格を厳しくハンディキャップ5までとしたため、アマ12名にプロ5名、全体で17名という少人数の大会となった。栄誉ある初代優勝者はアマチュアの赤星六郎で、スコアは2位に10打差をつけた完全勝利であった。アメリカの大学に留学して、学生の身分でゴルフを身につけた赤星兄弟[★*]のレベルは高く、特に六郎はアメリカでの優勝経験もあり、帰国後はプロを指導する立場にあった。宮本留吉、安田幸吉、浅見緑蔵といったプロ達もまったく歯が立たなかったのは当然である。１９２０年代はアマの全盛時代であった。そして、アマチュアによる日本オープンの勝利は、現在に至るもこの一回のみとなっている。

なお、このように、ゴルフの主体が神戸や根岸の外国人側から東京GC中心の日本人側へスムーズに移行した裏には、第一次大戦後に生じた外国人社会の変化があった。本国の経済が戦争のダメージで不振となったヨーロッパ人、特にイギリス人の多くが日本を離れ帰国し、その結果、外国人ゴルファーの数が急速に減少していたのである。

ところでＪＧＡ設立に関連して触れなければならないのが、１９２６年に設立された「関西ゴルフユニオン（ＫＧＵ）」である。鈴木商店ロンドン支店長を長年勤めた高畑誠一を中心に、イギリスの「イングリッシュ・ゴルフユニオン」をモデルにした

ものであった。

ゴルフ界の頂点に立つスコットランドのR&Aの傘下ながら、イングランドのゴルフクラブをすべて統括してイングランドのゴルフ発展を目指す組織である。東京のJGAの下にあって、関西のゴルフクラブを纏めている点では、両者は類似していた。

しかし、KGUは、アメリカのWGU（ウエスタン・ゴルフユニオン）に似た性格も持っており、WGUは東部のボストン―ニューヨークを軸とするUSGAに対抗する勢力として、シカゴを拠点に誕生したものであった。KGUにも同様な指向が懸念され、JGAの中心人物大谷は「群中群を作るもの」として強く反対した。舞子GCの南郷三郎はJGAと関西の板挟みとなって苦しんだが、結局、神戸、鳴尾、舞子、甲南、茨木、宝塚、京都（京都CC山科）の7クラブによって設立され、南郷が初代理事長に就任した。

設立の年にすぐさま、KGU主催の「関西オープン」が茨木で開催された。「日本オープン」より1年早い、日本で最初のオープン競技である。参加者32名の中でプロは7名のみ。甲南GC所属で日本第1号プロの福井覚治が優勝に輝いている。

以後の日本のゴルフ事情に目を向けると、ゴルフ人口の増加に伴って1933年にはコース数は46に、JGA加盟クラブは23となり、公式競技で活躍するゴルファーの

＊　四郎はペンシルベニア州立大学に留学、フットボール選手として活躍。六郎はプリンストン大学でゴルフを始め、欧米人と肩を並べた。赤星財閥を継いだ長兄・赤星鉄馬は先んじてペンシルベニア大学に留学。東京GCの創立会員で日本のゴルフ草創期に貢献。米国からブラックバスを移入し、スポーツフィッシングの概念を普及させた

殆どが日本人となった。この順調な発展は、やはりJGA抜きでは語れない。そして、JGA設立の推進役となった大谷光明こそ日本のゴルフを近代化の軌道に乗せた功労者といってよい。

それはチャールズ・マクドナルドのアメリカでの功績に匹敵しよう。USGAとJGAの設立以外でも、両人の類似点は多々存在する。マクドナルドはゴルフ啓蒙のため、ナショナルGLを始め、名コースを幾つも造ったが、大谷も設計や改修、記録に残らない助言なども含め、関わった案件は10コースになるとみられる。中でも、川奈の大島コース、名古屋GCの和合コース、秩父GC（現在の東京GC）は彼の3大傑作で、現在も名コースの誉れが高い。また、マクドナルドが全米アマ初代優勝者なら、大谷の腕も一流で、前述のように日本アマ優勝の実績を持つ。二段モーションのテークバックでスウェイを伴う横振りのフォームを、自分で「セントアンドリュース・スウィング」と呼んだが、当時は真似をするゴルファーが多かったそうである。

Komei Otani
大谷光明（1885－1961）
西本願寺21代門主光尊の三男として生まれる。英国留学中にゴルフを覚え、帰国後日本のゴルフ界に貢献。JGA2代目会長を務め、コース設計者としても、東京GC、名古屋GCなどを手掛け偉大な功績を残した

1927年11月　第１回東西対抗　茨木CC
関東チームでの集合写真。キャプテンとして大谷光明、赤星四郎、赤星六郎、川崎肇、野村駿吉氏らが一同に。この時の関西チームのキャプテンは高畑誠一、クレーン兄弟らがいた

Akaboshi Shiro
赤星四郎
（1895－1971）
Akaboshi Rokuro
赤星六郎
（1898－1944）
実業家、赤星弥之助を父に持つ。戦前に米国留学。アメフト部、ゴルフで活躍。帰国後に日本の近代ゴルフの礎を築いた赤星兄弟。六郎は日本OPでプロを押さえて優勝した唯一のアマで我孫子GC、相模CCを設計。四郎は箱根CCを設計

日本編　その5

ゴルフの裾野を広げた「新しいクラブ」の誕生

1930年代に入ると同時に、日本のゴルフ界には現在「名門」と呼ばれているゴルフ倶楽部とコースが次々と誕生することになる。赤星兄弟をはじめ井上誠一、大谷光明、藤田欽哉などの設計家はこの時期にアリソンの設計哲学と技法を学び、コースは世界でも通用するものへと成長。ゴルファー層も広がりを見せた。

1924年（大正13年）に日本ゴルフ協会（JGA）の設立に参加した倶楽部は、関西の神戸、鳴尾、舞子、甲南に、関東の根岸、東京、程ヶ谷の7つであった。

そして、その3年後の1927年（昭和2年）には金融恐慌の発生で経済は不況に陥り、それと共に右翼と軍の台頭が顕著になって不穏な空気が漂い始めた。

しかし、皮肉なことに日本のゴルフはこの頃から層が広がり、発展期に入る。関東では、東京GCが18ホールに拡大されて駒沢にとどまったため、そもそも駒沢の土地問題がきっかけで誕生した程ヶ谷は、独立したゴルフ倶楽部として動き出した。しかし、メンバーの中心が華族や財閥、企業のオーナーで占められていた東京GCと程ヶ谷CCのクラブの雰囲気は一般平民から離れた別世界の感が強かった。

これに反発するように、新しいゴルフ倶楽部が次々に誕生するのである。

武蔵野、霞ヶ関、そして我孫子の誕生

まず、東京日々新聞（現在の毎日新聞）の後押しで、武蔵野の地、平山に6ホールのコースとして武蔵野カントリー倶楽部が生まれた。しかし、地形が悪く面積も狭かったので、新天地を千葉県の六実に求めて移転、大谷光明の設計で18ホールを建設した。

東京や程ヶ谷に比較して入会金が安いのが魅力で、大学出のスポーツマンが多数メンバーとなった。東京六大学野球で活躍し、野球のスウィング理論で有名な慶應義塾大学出身の新田恭一も会員であったが、彼は1931年に日本アマのタイトルを手にしている。

ついで埼玉県西部に霞ヶ関カンツリー倶楽部が造られた。ことの発端は、東京GCのメンバー、星野正三郎が、發智《ほっち》庄平の所有する土地に目をつけ、地域開発を計画していた發智にゴルフの効用を説いてその気にさせたことであった。

星野はアメリカ時代の知人で東京GCの藤田欽哉に話をもちかけ、事業は山本栄男、

田中次郎、鹿島精一の3人が軸となり、コースの設計・建設は藤田を中心に、井上信、赤星四郎、石井光次郎、清水揚之助の5人が18ホールを手分けして担当した。

まだ単独設計者の設計概念でコースを完成させる考えはなかったようである。池袋から汽車で1時間半を要する便利とはいえない場所ながら、ゴルフに限定せず、家族の娯楽も考慮したカントリークラブとして出発した。

この頃から、コースに使う総面積も1ホール1万坪の基準が定着し始める。駒沢の4万5千坪に9ホール、茨木の11万坪に18ホールと比べ、これは大きな進歩であった。

さて、注目すべき新クラブは我孫子ゴルフ倶楽部である。千葉県の我孫子町の町おこしとして企画されたが、一時は挫折していた。これを、東京GCの華族優先主義に反発した一人の人物が蘇らせ、見事に完成させたのである。

推進者の加藤良は東大工学部で造船を学び、神戸の川崎造船で働いた。第一次大戦を機に浅野造船へ移り、鶴見の造船所（後の日本鋼管鶴見造船所）を造って40代で引退。アメリカで遊んだ後は横浜に住んで根岸のコースでゴルフを楽しんだ。

1923年の関東大震災後は東京に移り、用賀に別荘を持って東京GCに入会、電車一駅で行ける駒沢のコースに日参した。しかし、華族が幅を利かす雰囲気に嫌気がさし、やがて顔を見せなくなる。そして、学友の鳩山秀夫（元首相・鳩山一郎は兄）の紹介で我孫子町長、染谷正治が抱えるゴルフ場建設を支援することとなった。

設計は赤星六郎に依頼し、退職金の20万円の半分を突っ込んで事業を進め、193

0年10月にインの9ホールを完成させた。しかし、過労が祟って翌年の1月の初めに急性膵臓炎で急死してしまう。加藤と同じ志を持つ深川喜一と田中実が後を託され、残りのアウト9ホールを完成させて加藤の初志を貫徹させた。

我孫子で見落とせないのが、会員募集が難しかったため、会員権は最初から売買可能とし、募集要項にも「良い投資である」と誘っている点である。また、その数年後、深川は安達建設の安達貞市からの強い懇請を受けて、中央線の沿線で小金井カントリー倶楽部に取り組むことになる。

不便だった中央林間にサラリーマンが中心の〝相模〟誕生

同じ赤星六郎の設計により、我孫子に1年遅れで誕生したのが相模カンツリー倶楽部である。これは、1927年に開通した小田急電鉄江ノ島線の沿線開発に関連していた。当時最寄り駅を「中央林間都市」と名付けていたが、周りには家は2軒しかなく、小田急もその後さすがに駅名から「都市」を外した。

最初、駒沢に代わる新コースの場所を探索していた東京GCに声をかけた。赤星四郎や大谷光明が実地検分を行った結果、地形と環境は絶好ながら、東京から車でくるには便利とはいえないという理由で話はまとまらなかった。しかし、その後も小田急と地元の強い希望でゴルフ場建設の動きは続けられた。会員募集の目鼻がついた1931年初めにコース建設が始まり、同年9月末には仮オープンの運びとなった。

仮開場はしたものの芝は市松張り、バンカーは穴を掘っただけで砂もない、ラフは切り株だらけという状態で、翌年の3月までに約40名の会員が将来に懸念を感じて退会している。

ただ、赤星六郎のコース設計は確かなものであった。1930年暮れから数カ月間、日本に滞在した名設計家★チャールズ・ヒュー・アリソンと直に接して、コース設計に関し多くを学んだ六郎の最初の意欲的な仕事であった。ここでは、ホールごとの特徴に加え、18ホール全体のバランスを考えた設計思想に新鮮味がうかがえた。また、当初のメンバーは東京GCや程ヶ谷とは階層が異なり、大多数が電車を使ってやってくるゴルフ未経験の中堅サラリーマンで、一団は湘南から、また別の一団は経堂や新宿からという具合であった。

ハウスが現存する藤澤とヒースランドを真似た鷹之台

翌1932年（昭和7年）は日本ゴルフ史で特別な年となった。関東では、2つの新しいクラブと5つの新コースが誕生したのである。

新クラブの一つは藤澤★カントリー倶楽部である。横浜ロータリー・クラブの会員が川奈へ出掛けたゴルフ旅行の帰途、汽車の中で話がまとまったのがことの発端。横浜興信銀行の井坂孝が初代理事長を務め、多くが程ヶ谷や相模の会員と重複していた。

小田急線の藤沢駅に近く、隣駅の藤沢本町から善行に至る実測約25万坪の丘陵地帯に、赤星四郎の設計で造られた立体感溢れるチャンピオンシップコースであった。来日中のアリソンが建設段階で数ホールを修正している。

当時は、平坦な武蔵野の六実コースと起伏の大きい程ヶ谷が同時に納まった感じと表現された。18ホールのいずこからも富士山が望めるうえ、これに江ノ島の絶景が重なった風光明媚な場所であった。海が近いため、暖冬涼夏、快適そのもの。ハウスはモダンなスペイン風で、近年、改修されてはいるが、当時の面影を残している。

続いて、鷹之台ゴルフ倶楽部（現在の鷹之台カンツリー倶楽部）が造られた。

1927年に破産した鈴木商店出身の3人が、麹町の大地主、伴田六郎を立てて推進したものである。推進の主役となった後藤半七郎は、この頃、鈴木商店の主要人物であった金子直吉と鈴木商店の小会社、太陽曹達を経営していた。コース設計者の清木一男は、かつて高畑誠一の下でロンドン支店の経理を担当した人物である。

清木は多摩川河畔の六郷コースも設計したが、その設計思想は、当時の日本でアメリカ型が流行するなか、イギリスのヒースランドコースをイメージしたものであった。もう一人の益子史郎はゴルフが上手く、鷹之台で会員やキャディに技術指導を行っていた。このグループは、社団法人「大和スポーツ」でゴルフ道具を含むスポーツ用品の製造、販売を行っており、コースの建設はその啓蒙の意味合いを持っていた。

この頃、ゴルフ場の成功には大谷光明か赤星兄弟が必要といわれていたが、果たして、コース開場の3年後、赤星六郎によるかなり大幅なコース改造が行われた。

アリソンの代表作に日本の雄の名コース

残る3コースは既存クラブの新コースである。そのひとつが東京GCの朝霞コースで、地主の借地料値上げ圧力から逃れて、埼玉県膝折（後に朝霞に改名）に造られた。国際レベルのコースにしたいという強い願望から、設計を世界一の名声を誇るロンドンのハリー・コルト事務所に依頼し、1930年12月にチャールズ・ヒュー・アリソンが来日した。アリソンは、朝霞コースに加え、川奈ホテルの富士コースと関西の廣野GCも設計。

さらにこの機会に、関東では霞ヶ関の旧コース（東コース）と藤澤、関西では茨木と鳴尾の各コースについて改造の助言を与えている。そのなかで何といっても訪日の主目的であった東京GCの朝霞コースが秀逸で日本におけるアリソンの代表作であった。

二つ目が藤田欽哉と若い井上誠一★の共同設計による霞ヶ関の新コース（西コース）で、建設はアリソンによる東コースの改造と同時に進められた。そのため、アリソンがアメリカから呼んだ建設担当のジョージ・ペングレースが、朝霞コースの現場からしばしば霞ヶ関を訪れた。建設現場で働いていた井上は、ペングレースを通してアリソンの謦咳《けいがい》に触れ、多くの知識を吸収することができた。霞ヶ関の西コースはかく誕生したのである。

三つ目が武蔵野CCの藤ヶ谷コースである。場所は既存の六実コースに近く、アリソンの薫陶を受けた赤星六郎による相模に続く作品で、このコースこそ彼の最高傑作と評価された。

コースの設計図面は廣野GCのJGAゴルフ博物館に保管されている。さらに、1930年代後半には新霞ヶ関カンツリー倶楽部（秩父カントリー倶楽部に改名、後に東京GCと合併）と小金井カントリー倶楽部が誕生する。

このような動きは東京を中心とする関東に限らなかった。関西では、舞子の会員がアリソンの設計で廣野GCを誕生させ、時を同じくして、鳴尾と茨木もアリソンの改造で本式のコースに生まれ変わった。特に、茨木は面積を広げ、ほぼ1シーズンがかりの大改造であった。名古屋では大谷光明の設計で名古屋GCの和合コースが、北海道では小樽CCが、九州では、福岡CCの大保コース（第二次大戦後は古賀ゴルフ・クラブとして蘇生）、門司GC、そして、伊藤長蔵の設計で関西汽船による別府GC豊岡コースが誕生した。

かかる一連の動向の中で、いくつかの傾向を読み取ることができる。

第一は何といってもゴルファー層の拡大である。東京GCや程ヶ谷でみられた華族や財閥のオーナーというひと握りの階層から、中産階級の市民層へ広がったことである。しかし、新しいゴルファー層も商工省（現在の経済産業省の前身）、内務省等のキャリア、三井、三菱、横浜正金銀行、その他の大企業のサラリーマンの範囲内で依然として本当の意味の大衆化ではなかった。

第二は建設されたコースの質が格段に改善されたことである。かつての神戸、横屋、根岸、駒沢、茨木、舞子等の面積は不十分、距離は短く、コースの設計概念等からは程遠いもので、ただゴルフらしきものができれば十分という代物であった。それに対し、この時期に造られた大谷光明、赤星四郎、藤田欽哉などが設計したコースは、十分にイギリスやアメリカの一流コースと比較できるものになっていた。

現に、これらのコースは現在でも日本のコースランキングで上位を占め続けている。

そして、かかる名コースを基盤とするゴルフクラブは一様に、現在の日本ゴルフ界を代表する伝統ある名門クラブばかりである。

★

Charles
Hugh Alison

チャールズ・
ヒュー・アリソン
（1883－1952）
英国オックスフォード大学卒業後、設計の道へ。ハリー・コルトに師事し1930年東京ゴルフ倶楽部の招聘で来日。川奈、廣野、霞ヶ関などのコース設計を手掛け、日本人設計家に多大な影響を与えた

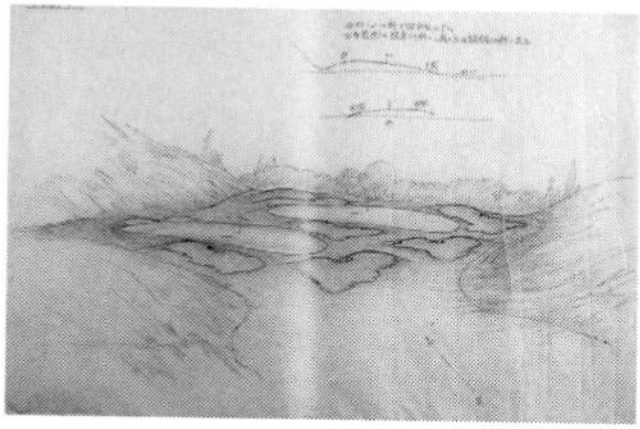

Fujisawa Coutry Club

藤澤CC 1932年開場
赤星四郎設計　廣野へ向かう途中に藤澤にもアリソンが立ち寄り、アドバイスを与えたという。戦時中の43年に軍に接収され閉鎖するが、アントニン・レイモンド設計のクラブハウスは今もその姿を残し、2020年に保存再生され、市民の憩いの場となっている

Inoue Seiichi

井上誠一（1908－1981）
1930年、体の弱かった井上は療養先でアリソンに接したことをきっかけに設計家の道に進む。10以上の作品が日本OP開催コースとなっている。その設計図は繊細にして絵画的だった（写真上）

日本編　その6

「束の間の繁栄から奈落の底へ」

1924年のJGA発足後、日本のプロゴルファーは海外に進出。37年にはジーン・サラゼンが来日し、ゴルフファンを魅了。小金井CCもオープンするが、反面、数々の名コースが姿を消して、戦前のゴルフ史は苦難のなか、幕を閉じた。

1924年（大正13年）にJGAが発足し、1927年より「日本アマ」は予選がストロークプレー、本戦がマッチプレーとなってからも、野村駿吉、赤星四郎と日本人ゴルファーの優勝が続いた。そして、1929年、久々に外国人の優勝者が出た。しかし、かつての神戸と根岸が主役のインターポート・マッチ時代とは違って、優勝者はハワイから参加したフランシス・ブラウンであった。パイナップル王と言われた実業家の上院議員で、同僚ゴルファー7人を伴って日本遠征を行い、その足で日本アマに参加したのである。

この優勝を記念して、フランシス・ブラウンはその年の暮れに開催されるハワイアン・オープンへ日本人プロを招待したいと申し出た。JGAは、現地での滞在費は先方負担という条件で宮本留吉と安田幸吉の2人を派遣、これが日本人プロ海外遠征の嚆矢《こうし》となった。結果は宮本13位、安田17位で、日本人プロの力がアメリカでも、そこそこ通用することが証明された。これも、プロの技術向上に努めた赤星兄弟、特に六郎の貢献が大きい。

１９３０年（昭和５年）は日本ゴルフ史上で重要な年となった。５月にウォルター・ヘーゲンがジョー・カークウッドを伴って、オーストラリア遠征の帰途に日本に立ち寄った。ヘーゲンは全米オープン2回、全米プロ5回、全英オープン4回の優勝経験者。一方のカークウッドはトリックショットの名人であるうえ、全英オープンでは3位、4位、6位に食い込んだ実績もあった。2人は関西では鳴尾、茨木、宝塚、関東では駒沢、武蔵野の六実、程ヶ谷で模範試合を行った。日本人ゴルファーは、今や本場イギリスを凌駕したアメリカのゴルフに感動した。ヘーゲンは新宿御苑のコースで昭和天皇にもプレーを披露し、銀製のシガレットケースを贈呈されている。

12月中旬には東南アジア遠征の帰途、アメリカのプロ、ボビー・クルックシャンクとビル・メルホーンがＪＧＡの要請を受け訪日した。１９２３年の全米オープンでボビー・ジョーンズの優勝を脅かしたクルックシャンクは、プリンストン大学時代の赤星六郎にゴルフを教えた人物である。駒沢で赤星兄弟相手にベストマッチを行ったが、この師弟対決は一勝一敗に終わった。その後、程ヶ谷、茨木でのエキシビジョンマッチに出場している。

名設計家アリソンの来日はこの年の暮れであった。翌年初めまでの数カ月ながら、実に精力的に活動し、東京の朝霞、川奈の富士、廣野の設計、霞ヶ関、藤沢、鳴尾の猪名川、茨木の改造を行った。お蔭で、日本でも英米レベルの一流コースが誕生する。

続く1931年も意味のある年であった。JGA主催による初めての「日本プロゴルフ選手権」が藤ヶ谷CCで開催され、程ヶ谷の浅見緑蔵が優勝した。この開催を記念して、JGAは12月に宮本留吉、安田幸吉、浅見緑蔵の3名をカリフォルニア州の冬季ツアーへ派遣、現地でアマチュアの佐藤儀一が合流した。手始めにサンフランシスコ・マッチプレーに参加、安田は予選落ちしたが、浅見と宮本は善戦。浅見は、1928、29年とアメリカPGA選手権連覇のレオ・ディーゲルに、宮本は、1931年の全米オープン覇者ビリー・バークに敗れている。年明けに4人はロス・オープン等に臨んだが、本戦へ進んだのは佐藤のみ、雰囲気に飲まれてしまい実力を発揮できなかった。

この後、宮本のみがKGUと茨木の資金援助を受けてアメリカに残り、テキサス・オープン、フロリダ・オープン等に参戦した。成績は芳しくなかったものの存在が認められ、パインハーストNo.2コースでの特別マッチへ招待された。ビル・メルホーンと組んだ宮本は球聖ボビー・ジョーンズとビリー・バークの組に敗れたが、ジョーンズとの個人戦では勝利を収めている。体の小さい宮本が1番のティーショットで、自分と同じ飛距離を出したのに驚いたジョーンズが、宮本にホールマッチを申し出たのである。賭けに勝った宮本は、約束どおりジョーンズから★サイン入りの５ドル紙幣を受け取った。なお、当時のパインハーストが未だ芝を使わないサンドグリーンであったことは注目に値する。１９３２年、宮本は全英オープン参加のため大西洋を渡った。この時、彼の訪英を知った英国皇太子（後のエドワード８世）からの申し出で、２人はロンドン郊外のクームヒルＧＣで手合わせを行った。これは宮本には生涯忘れえぬ思い出となった。全英オープンでは、ロイヤルセントジョージズＧＣでの予選は通過したが、プリンシズＧＣで行われた本戦では残念ながら最下位に終わっている。この大会はジーン・サラゼンの優勝であった。

　再度アメリカへ引き返した宮本は、ロングアイランド北岸にあるフレッシュメドウＣＣで全米オープンに挑戦、残念ながら予選落ちとなった。ここでも優勝者はサラゼンで、この年、彼は全英・全米の両オープン同年制覇の偉業を成し遂げた。

　この宮本の長期海外遠征は、成績は別として、日本人プロによる最初の海外ツアーへの参加という意味があった。帰国後、貴重な経験を糧に日本オープンを１９３２、35、36、40年と制覇。既に勝利していた１９２９年と30年を加え、通算６回優勝の記録を達成した。

金融恐慌後、全米オープン出場。そしてマスターズへ

　ところで、１９３０年代の日本のゴルフコースは一律に芝との闘いの連続であった。

アリソンの来日を機に、常緑の西洋芝への憧れが強くなり、ベント芝が採用された。しかし、夏の暑さに負けて失敗に終わっている。東京GCの朝霞では最初はフェアウェイもベントであったが、開場数カ月で限界が現れ高麗に変更された。相模では、グリーンの芝問題でベント派と高麗派に分かれ、理事が入れ替わる騒動にまで発展している。霞ヶ関でも苦労の連続で、この苦闘の中から、ベントと高麗を使用するツーグリーン制が誕生する。世情に目を転ずると、状況はゴルフに厳しくなる一方であった。経済は1927年の金融恐慌以後は農村を中心に慢性不況が続いた。この環境下で、強力な右翼の台頭から政情は不穏となり、1930年には東京駅で浜口雄幸首相が刺客に襲われ、翌年には満州事変が勃発。1932年には、東京GC設立の功労者で大蔵大臣経験者の井上準之助、続いて三井グループ総帥の団琢磨、犬飼毅首相が次々に暗殺された。東京GCの新しい朝霞コースの推進者で2カ月先の開場を楽しみにしていた井上の死は、多くのゴルファーを悲しませた。

そんな状況ながら、1935年、宮本（茨木）、安田（東京）、浅見（程ヶ谷）、中村兼吉（藤澤）、陳清水（武蔵野）、戸田藤一郎（廣野）を加えたプロ6人がオークモントCCの全米オープンに出場した。ペンシルベニア州の鉄鋼の街、ピッツバーグ郊外にフォーンズ親子が二代にわたって造り上げた執念の難コースである。残念ながら、予選通過は中村のみであった。

日本人が最初にマスターズへ出場したのは1936年の第3回大会で、陳と戸田が招待された。ボビー・ジョーンズ主催の名誉あるトーナメントへの参加は特別な意味があった。戸田は予選落ちながら、陳は20位に食い込んでいる。続いて2人は全米オープンに参戦し、ここでも陳のみ予選を通過した。会場は名匠A・W・ティリングハストの傑作、バルタスロールGC（アパーコース）であった。国内では、絶頂期にあった宮本留吉が日本オープンと日本プロの両方を制覇している。

待望のサラゼン来日、小金井CCの開場から消えゆくコースまで

この年の2月、陸軍青年将校が決起した2・26事件が発生して、高橋是清蔵相を含む政府要人が殺害された。翌年には遂に日中戦争へ突入、年を追って軍国主義と国粋主義の風潮が強まり、ゴルフ環境は一段と厳しくなっていった。

それでも1937年には、待望のジーン・サラゼンがやって来た。パトロンであったシカゴの富豪、ラスカ氏との世界一周旅行の途中に立ち寄ったのである。1922年には弱冠20歳で全米オープンとPGA選手権の同年優勝、1923年のPGA選手権はウォルター・ヘーゲンをプレーオフで破って連覇、1932年には全英と全米の両オープンを制覇、1933年は3度目のPGA選手権優勝、1935年には第2回マスターズで15番ホールの劇的なアルバトロスで優勝、華々しい記録の保持者であった。関東では、東京の朝霞、武蔵野の藤ヶ谷、程ヶ谷、川奈の富士コース、関西では、茨木、鳴尾の猪名川、廣野と、当時のベストコースを巡回して妙技を披露した。さす

がはサラゼン、朝霞では千人、茨木では七百人を超えるギャラリーが詰めかけた。

　この年、中央線の沿線に小金井ＣＣが開場した。この地域の将来の発展を見越し、安達建設の安達貞市が我孫子ＧＣを完成させた深川喜一を抱き込んで２年前から進めていたものである。我孫子と同様、東京ＧＣの貴族趣味から離れた庶民的クラブを目指し、会員が株の所有者となる方式を採用した。コースは深川とウォルター・ヘーゲンがＡ・Ｗ・ティリングハスト設計のリッジウッドＣＣをモデルに共同設計したものであった。翌年、ヘーゲンは、ジョー・カークウッドを伴って７年振りに来日し、小金井を含む数コースで模範試合を披露したが、既に往年の強さはなかった。そして、これが外国人一流プロによる最後の訪日となった。この後は、さらに国粋主義が強まり、ゴルフは完全に敵対視されて行く。

　伝統ある日本アマでは、１９３０年が駒沢コースでの最後の大会となり、赤星六郎の優勝で駒沢時代の幕を閉じた。翌１９３１年は茨木で開催され、野球のスウィング理論で有名な新田恭一が優勝。続いて武蔵野の藤ヶ谷が会場となり、茨木の成宮喜兵衛が初めて関西へ優勝をもたらした。続く１９３３年からの３年間は東京の鍋島直泰が３連覇（廣野、朝霞、廣野）、さらに１９３６年からの３年間は廣野の佐藤儀一が３連覇（我孫子、廣野、程ヶ谷）と続いた。そして、翌１９３９年には東大の学生であった東京ＧＣの原田盛治*が優勝、彼は近衛文隆*と組んだプロとのマッチでも名を馳せている。１９４０年は中止、１９４１年は佐藤の４勝目、１９４２年は成宮の２勝目であったが、これ以降は戦争が激化して開催不可能となった。

一方、日本オープンは1927年の第1回大会こそアマチュアの赤星六郎が優勝したが、それ以降はすべてプロの勝利である。中でも、宮本留吉の1928年から1936年までの9年間に5回の優勝が光っている（1928年と1931年は浅見緑蔵、1933年は中村兼吉、1934年は関西大風水害で中止）。続く1937年から1941年までは、陳清水、林万福、戸田、宮本、延原徳春（京城）が優勝、以後は戦争で中止となった。優勝カップは大谷光明が正倉院御物、周の卦山炉（中国の周時代の香炉）をモデルにデザインした素晴らしいものであったが、延原が母国の朝鮮へ持ち帰り、残念なことに、第二次大戦後の朝鮮動乱期に紛失してしまった。

コースもアリソンの傑作、東京GCの朝霞コースは1941年に陸軍戦車隊に、数々の名勝負の舞台となった武蔵野の六実と藤ヶ谷の両コースも同年陸軍に、また藤澤はその2年後に海軍によってそれぞれ接収され、ゴルフ界から姿を消した。この他、伝統ある東京GCの駒沢、京都CCの山科の各コース等も次々と消滅していった。

やがて時代が移り、日本のゴルフは第二次大戦後に再出発を果たし、新しい発展の時代を実現する。そして、その発展の基盤となったものは戦前に築きあげられた先人たちによる尊い努力の積み重ねであったことを忘れることはできない。これを明記して、一応の締めくくりとする。

＊　1939年、原田は東大在学中に日本アマ獲得、チームを組んだ近衛は近衛文磨元首相の長男でプリンストンで学び、同大ゴルフ部キャプテンを務めた

JGAは、1931年、初めて日本のプロゴルファーを海外へ派遣。宮本留吉、安田幸吉、浅見緑蔵がアメリカ本土初遠征に向かう船上での写真。各地のエキシビジョンマッチやウィンタートーナメントに参加。宮本だけは翌年まで残り、続けて全英オープンの出場を果たした。写真左・浅見、左から3番目・宮本、右から2番目・安田

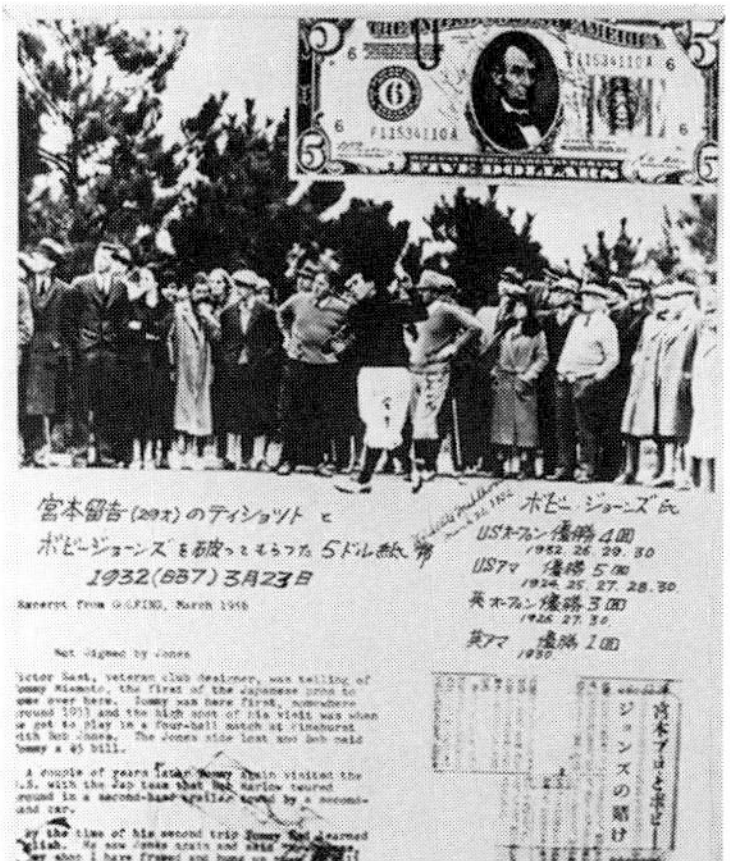

宮本留吉が1932年に米国パインハーストでボビー・ジョーンズに勝利し、手に入れたジョーンズサイン入りの5ドル紙幣(JGAゴルフミュージアム所蔵)

【写真原書、出典】

Nationalgalleries.org.19中
The Parks of Musselburgh　59上左 96下右 下左
National library of France (BNF) 79上中 79下右
Golf Illustrated&Outdoor America vol.1 112下右
NewYork Outing Pub. 112下左
Library of Congress 112上 121下 148下 176上
National Diet Library Japan 207下
Getty 96上
Golf Digest Japan Photo Library　29上左・中・下 38下 49下 59下
130上・中・下　139下 166上・下 176下 207上右　237下右

【参考文献】

『Muirfield & the Honorable Company』by George Pottinger
『Fifty Years of Golf』Horace G Hatchinson
『Architectural Side of Golf』by Tom Simpson
『Aspects of Golf Course Architecture』by Fred Hawtree
『The Oxford&Cambridge Golfing Society』by Eric Prain
『The Parks of Musselburgh』by John Adams
『A History of SunningdaleGC1900-2000』by John Whitfield
『The Course Beautiful』by A.W.Tillinghast
『Golf at St.Andrews』by Keith Mackie
『A History of the Royal DornochGC』by John MacLeod
『The Game of Golf』byWillie Park Jr.
『Concerning Golf』by John Low
『日本のゴルフ史』西村貫一
『日本ゴルフ協会70年史』
『日本プロゴルフ協会50年史』
各ゴルフ倶楽部『倶楽部年史』

本書は、Choice誌vol.113（1999年11月）～vol.137（2003年11月）までに掲載された「痛快!ゴルフ史」連載を再編集の上、書籍化したものです。

カバー／ウィリアム・シン・クレアー・オブ・ロスリンの肖像画（ジョージ・チャルマーズ作）より
The Print Collector/Alamy Stock Photo

スコットランドからイングランド、英国流から米国式へ、コースと人の歴史

主に本文中でとりあげた時代の各国のエピソード、出現する人物のトピックスを取りあげた。○内は国名。英（スコットランド、イングランド）、米（アメリカ）日（日本）など

年	ゴルフ倶楽部	競技	ルール・コース管理	用品・その他
1350				英 グロースター寺院のステンドグラスに古代ゴルファー像
1457				英 ジェームズ2世による初のゴルフ禁止令
1502				英 ジェームズ4世、クラブとボールをパースの弓メーカーセントジョンストンより購入
1552				英 ハミルトン大司教がセントアンドリュースを市民に開放
1561				英 史上最初の女性ゴルファー、メアリー・スチュアート女王がセントアンドリュースで毎年ゴルフをした記録。イングランド女王、エリザベス1世との王位継承に敗れ、イギリス連合軍に引き渡される直前まで、マッセルバラリンクスでゴルフをしていたという記録も
1592				英 エジンバラ市会が日曜日にゴルフをしてはならないと布告
1603				英 ジェームズ6世イングランドにゴルフを持ち込む
1608	英 ロンドン郊外にロイヤルブラックヒースGC設立			

年	ゴルフ倶楽部	競技	ルール・コース管理	用品・その他
1783			英 ロストボールは5分間探すことができた（アバディーンGC）	
1786	英 サウスカロライナゴルフ協会、チャールストンで結成			
1804				ナポレオンが皇帝になる
1811	英 最初の婦人ゴルフ倶楽部、フィッシュワイブス・オブ・マッセルバラの記事			
	加 カナダのハリファックスで初めてゴルフが行われる			
1812			英 バンカーという言葉をはじめてルールで使用	
1828			英 ティーアップの区域が4クラブから8クラブ以内に	
1829			英 現在の基準、4と4分の1のホールカッターがマッセルバラで最初に使用される	
1830				英 世界最初の鉄道（マンチェスターーリバプール間）
1834	英 ウィリアム4世がロイヤルの称号を与え、ロイヤル&エンシェントGC・オブ・セントアンドリュースに			

1618 英 ジェームズ6世はオランダよりボール輸入を禁止。日曜日でも教会に行った後ならゴルフをしてよいと公式に許可

1620 英 フェザーボールの記事

1632 英 アバディーンの教科書にバンカー、アイアン、ホール、ティアップなどの記載

1642 英 ゴルフ狂チャールズ1世は、リースでアイルランド反乱の報告を受けてもゴルフを続けたといわれる（実際はゴルフを中止してロンドンに戻る）

1743 英 エディンバラの海運業者ディビッド・ディーンがクラブとボールをサウスカロライナのチャールストンへ発送したという記録

1744 英 スコットランドのリースにジェントルマン・ゴルファーズ・オブ・リース、後のオナラブル・カンパニー・オブ・エジンバラ・ゴルファーズ創立。

英 ジェントルマン・ゴルファーズが最古のゴルフルール13カ条制定

1754 英 22名の会員によるソサエティ・オブ・セントアンドリュース・ゴルファーズ創立（R&Aの前身）

1759 英 最初のストロークプレーがセントアンドリュースで実施。それ以前はマッチプレー

1764 英 セントアンドリュースが22ホールから18ホールに改造。1ラウンド18ホールの基準となる

1770 英 ロイヤル・バージェス・ゴルフィング・ソサエティ・オブ・エジンバラ創立

1842 英 セントアンドリュースがウィリアム4世から下賜されたメダルで最初の競技、ロイヤルメダルを開催。スチュアート・オリファントが104で勝つ

英 ロバート・フォーガンが初めてヒッコリーをシャフトに用いたクラブを製作

1848 英 ロバート・ペターソンがガタパーチャボールを発明

1851 英 R&Aにルール委員会を設置。ストロークプレーが完全ホールアウトとなる

英 プレストウィックGC開場

1856 仏 ゴルフ・クラブ・デ・ポウ設立（欧州大陸初のゴルフ倶楽部）

1858 英 初の70台のスコア(79)の記録

1859 ダーウィン『種の起源』発表

1860 英 第1回全英オープン開催（プレストウィックGC／優勝ウイリー・パークシニア）

1861 アメリカ南北戦争

1863 英 プリンス・オブ・ウェールズ（エドワード7世）R&Aのキャプテンに

1864 英 ロイヤルノースデボンGC設立

1865 英 全英オープンでスコアカードを初使用

1867 英 セントアンドリュース婦人GC設立

1868 日 日本ゴルフの開祖、アーサー・グルーム初来日

1869 英 ロイヤルリバプールGC設立

アメリカ大陸横断鉄道開通

1872 英 ヤング・トム・モリス、全英オープン4連覇

年	ゴルフ倶楽部	競技	ルール・コース管理	用品・その他
1873	加 ロイヤルモントリオールGC設立			
		英 セントアンドリュースで初の全英オープン開催（優勝トム・キッド）		
1875				英 ヤング・トム・モリス、24歳で没
1878		英 オックスフォードとケンブリッジの大学対抗戦開始。第1回はオックスフォード勝利、キャプテンはホーレス・ハッチンソン		
		英 16歳の天才少年、ジョン・ボール全英オープンベストアマに		
1881				米 米第1号プロ誕生、ウイリー・デービスがリバプールのホイレークから新大陸（カナダ・モントリオール）に渡る
	愛 北アイルランドにロイヤル・ベルファストGC設立			
1885	南 ロイヤル・ケープGC設立			
	愛 ロイヤル・ダブリンGC設立			
		英 第1回全英アマ選手権開催（ロイヤルリバプール／優勝アラン・F・マックフィ）		
1887		英 ウイリー・パーク・ジュニア、全英オープン初優勝		
1888	米 ニューヨーク州に米初ゴルフ倶楽部、セントアンドリュースGC設立			
1889	香 ロイヤル香港GC設立			

年	ゴルフ倶楽部	競技	ルール・コース管理	用品・その他
1895				英 トーマス・ホスバーグが初めてスチールシャフト製造
1896	加 ロイヤルカナディアンゴルフ協会設立			
		米 ジェームス・フォウリス、全米オープン優勝（シネコックヒルズ）		
				米 マグレガー社がクラブ製造を開始
				英 ウイリー・パーク・ジュニア「The Game of Golf」出版。プロゴルファーが書いた初の著書
				ギリシア・アテネで第1回国際オリンピック開催
1897		英 イングランドで2番目に全英オープン開催（ロイヤルリバプール／優勝ハロルド・ヒルトン）		
		米 H・J・ウィガム、全米アマ2連覇		
1898	英 オックスフォード、ケンブリッジ両ゴルフ部出身者のゴルフクラブ「OCGS」結成			
1899	英 クルードゥン・ベイGC開場			
			英 R＆A、ルールブック発行	
				米 コバーン・ハスケルがハスケルボールの特許取得
1900	米 ゴルフコース数1、100に			

1890 世 世界のゴルフ場数　387
英 ジョン・ボールがイングランド人初、アマチュア初の全英オープン、全英アマ制覇
英 世界最古のゴルフ雑誌『GOLF』創刊
1891 英 R＆Aがホール直径を4・25インチ（108ミリ）、深さ4インチ（102ミリ）と決定
英 全英オープン、72ホール競技となる
米 ウイリー・デービス、シネコックヒルズに12ホールを建設
1892 米 チャールズ・マクドナルド、シカゴGC設立
1893 米 幻の全米アマ開催（ニューポート／優勝W・G・ローレンス）
英 第1回全英女子オープン開催（リザム・セント・アンズ／優勝レディ・スコット）
英 ウォーキングGC開場（トム・ダン設計、後にジョン・ローが改造）
1894 米 5クラブにより、全米ゴルフ協会設立
米 初めてのオープン競技開催（全米オープンの前身）
英 三巨頭の一人、ジョン・H・テイラーがイングランド初開催で、また、イングランドプロとして初めて全英オープンで優勝（ロイヤルセントジョージズ）
1895 米 第1回全米アマ開催（ニューポートCC／優勝チャールズ・マクドナルド）
米 第1回全米オープン開催（ニューポートCC／優勝ホレス・ローリンス）
世 世界のゴルフ場数　1280

米 ウォルター・トラビス、ガーデンシティGCで全米アマ制し、1903年までに3勝
仏 第2回オリンピック大会（パリ）で初めてゴルフ競技実施
1901 日 六甲山上に4ホールでゴルフが始まる
1902 英 プロゴルフ協会（PGA）創立
英 アマチュア国際競技が初実施
英 サンディ・ハード、ハスケルボールを使用した最初の全英オープン制覇
1903 日 最初のゴルフ倶楽部、神戸ゴルフ倶楽部設立。9ホール
日 日本初のクラブ選手権開催
英 ジョン・ロー『Concerning Golf』発表
ライト兄弟が初飛行
1904 米 ウォルター・トラビス、全英アマで米国人として初優勝
英 ジャック・ホワイト、全英オープン優勝（サニングデール）
日 横屋ゴルフアソシエーション創設（6ホール）
英 ウォルター・トラビスの使用したセンターシャフトのスケネクタディパターが問題に（1952まで禁止）
日露戦争
1905 英 ボールにバラタカバー使用
1906 日 横浜・根岸にNRCGA設立
1907 仏 アルノウ・マッシー、全英オープンに英国人以外の外国人として初優勝
日 第1回日本アマ開催（神戸GC／優勝A・B・ローソン）

年	ゴルフ倶楽部	競技	ルール・コース管理	用品・その他
1908				英 ウイリアム・テーラーがボールに凹型ディンプルを採用
1909	中 清国に奉天国際GC設立、9ホール			
1910			英 R&A、標準スコアのボギーを認め、ルールにボギー競技を入れる	
1910		英 三巨頭のジェームス・ブレイド、全英オープン、史上初の5回目の優勝		
1911		米 全米オープンで初めて米国生まれの米国人、ジョン・マクダーモット優勝		
1911		英 アマチュアのハロルド・ヒルトンが全英アマと全米アマを制す		
1912		英 ジョン・ボール、50歳で8度目の全英アマチュア勝利		
1912		英 テッド・レイ、全英オープン優勝（ミュアフィールド）		タイタニック号沈没
1913		米 フランシス・ウィメットがキャディのエディ少年とアマチュア初の全米オープン優勝。米国にゴルフブームをもたらす		
1914	日 雲仙GC（パブリック第1号開場）			
1914		英 三巨頭の一人、ハリー・バードンが全英オープン優勝最多記録6勝を記録		
1914		米 ウォルター・ヘーゲン、全米オープン優勝（ミッドロシアンCC）		

年	ゴルフ倶楽部	競技	ルール・コース管理	用品・その他
1922	日 程ヶ谷CC設立			
1922	日 新宿御苑に皇室専用コース			
1922		米 ジーン・サラゼン、全米オープン、全米プロ優勝		
1922				日 日本最初のゴルフ雑誌、『阪神ゴルフ』創刊（後のゴルフドム）
1923		米 ボビー・ジョーンズ最初のメジャー制覇、全米オープン（インウッドCC）		
1923				日 慶応義塾大学ゴルフ部設立（国内大学初）
1923				関東大震災
1924		日 赤星六郎、米・スプリングトーナメントで優勝		
1925	日 茨木CC開場			
1925	日 関西婦人ゴルフクラブ創立			
1925		日 JGA（日本ゴルフ協会）創立		
1926		日 西村マサ、神戸GC婦人選手権優勝		
1926		米 ボビー・ジョーンズ、全米、全英オープン同年制覇		
1926			米 USGA、全クラブのスチールシャフトを許可	
1926		日 関西ゴルフ連盟創立		
1926		日 第1回日本プロ（宮本留吉）、第1回関西オープン（福井覚治）、第1回関西		

日 東京GC（駒沢6ホール）開場
日 鳴尾ゴルフアソシエーション（9ホール）開場

第一次世界大戦 1914～1918年

1916 米 プロゴルフ協会（PGA設立）
米 第1回全米プロ選手権開催（シワノイCC／優勝ジム・バーンズ）
日 一色虎児、第10回日本アマに日本人初参加

1917 日 仙石GC、初の民営パブリック（6ホール）

ロシア革命

1918 台 台湾GC設立（当時日本領）
日 日本アマで井上信が初の日本人優勝

1919 米 パインバレーGC開場

1920 米 USGA加盟クラブ　477
日 鳴尾GC開場
英 R&AとUSGAが合同委員会でゴルフ規則を検討
日 福井覚治、日本第1号プロに

国際連盟設立

1921 英 英国対米国のアマチュア対抗国際競技、ウォーカーカップ非公式戦開催（ホイレーク／米国勝利）英国対米国のプロ対抗国際競技、ライダーカップ非公式戦開催（グレンイーグルス／英国勝利）
英 ジョック・ハチソン、米国人で初の全英オープン優勝（セントアンドリュース）
英 R&A、ボールの重さを41・92グラムと規定（1・62インチ、1・62オンス）

プロ（宮本留吉）

1927 米 ウォルター・ヘーゲン、全米プロ4連覇
日 第1回日本オープン（赤星六郎）、第1回関西アマ（室谷藤七）、第1回日本アマ東西対抗戦開催

昭和金融恐慌

大西洋無着陸飛行成功

1928 日 川奈ホテルゴルフ場開場（日本最初の女性キャディ採用）

1929 日 霞ヶ関CC開場
英 R&A、スチールシャフトを許可
日 宮本留吉と安田幸吉、初のプロ海外遠征（ハワイアン・オープン）

ニューヨーク株大暴落世界恐慌

1930 米 ボビー・ジョーンズ、グランドスラム達成正式競技から引退
日 JGAがウォルター・ヘーゲンとジョー・カークウッドを招聘、模範マッチ
日 ダンロップ、国産ボール製造
日 森田ゴルフ器具製作所、日本ゴルフ商会が姫路市で創業

1931 日 英国人C・H・アリソンが東京GC朝霞コース、廣野GC・川奈の富士コースを設計
日 JGA、米に宮本留吉、安田幸吉、浅見緑蔵を派遣

満州事変

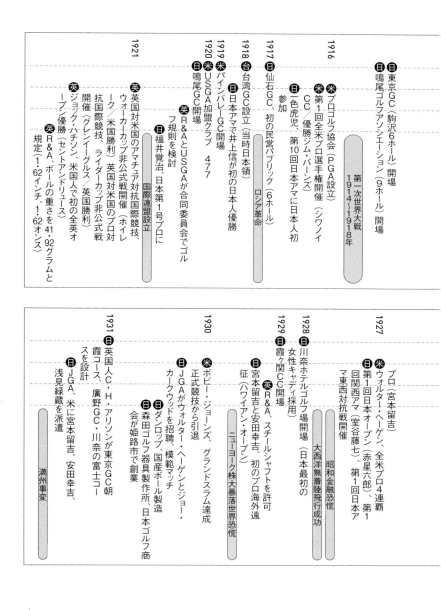

年	ゴルフ倶楽部	競技	ルール・コース管理	用品・その他
1931	米 ゴルフ場数 5691			米 USGA、ボールのサイズを42・67ミリ以上、重量43・93グラム以下と規定（1・68インチ、1・56オンス）
1932		日 宮本留吉、日本人初の全米・全英オープン出場		米 ジーン・サラゼン、バンカー用サンドウェッジを製作、全英・全米オープン同年制覇
1933				日 ミズノ、ゴルフクラブ製造開始
	ヒトラー率いるナチス台頭			
1934		米 第1回マスターズ開催（優勝ホートン・スミス）		日 ベーブ・ルースらプロ野球大リーグチーム来日、USPGAからの親書携行
1935		米 ジーン・サラゼン、マスターズでアルバトロスを記録し優勝。グランドスラマーに 日 関東学生ゴルフ連盟、関東ゴルフ連盟創立 日 第1回全日本学生ゴルフ選手権開催 日 鍋島直泰、日本アマ3連覇		日 ブリヂストン、国産ボール製造
1936		米 PGA、23試合の賞金総額10万ドルを超える		
1943		米 第二次世界大戦のためマスターズ中止（1946年より再開）		
1945		米 バイロン・ネルソンが11連勝、年間36試合中18勝の大記録達成、翌年引退		
1946		米 第1回全米女子オープン開催。（スポーケンGC／優勝パティ・バーグ）		
1950		米 ベン・ホーガン、自動車事故から復活、全米オープン優勝		
1951			米 USGAとR&A、ルールの統一に合意、翌年より実施	
1952				米 R&A、センターシャフトパター認可
1953		米 ベン・ホーガン、マスターズ、全米オープン、全英オープン優勝（グランドスラム達成） 加 ジョン・ホプキンス、カナダカップ創始（モントリオール／アルゼンチン優勝）		米 初のテレビ放映（タモシャンター・ワールド選手権）翌年、全米OP初放映
1955		米 シニア選手権創始。（優勝J・ウッド・ブラッド）		
1956			米 USGA、パーの距離基準改定（3＝250Y以下、4＝251〜470Y、5＝471Y以上、※女子はパー6存続）	

日 東京GC（駒沢6ホール）開場
日 鳴尾ゴルフアソシエーション（9ホール）開場

第一次世界大戦 1914〜1918年

1916 米 プロゴルフ協会（PGA設立）
米 第1回全米プロ選手権開催（シワノイCC／優勝ジム・バーンズ）
日 一色虎児、第10回日本アマに日本人初参加

1917 日 仙石GC、初の民営パブリック（6ホール）

ロシア革命

1918 台 台湾GC設立（当時日本領）
日 日本アマで井上信が初の日本人優勝

1919 米 パインバレーGC開場

1920 米 USGA加盟クラブ　477
日 鳴尾GC開場
英 R&AとUSGAが合同委員会でゴルフ規則を検討
日 福井覚治、日本第1号プロに

国際連盟設立

1921 英 英国対米国のアマチュア対抗国際競技、ウォーカーカップ非公式戦開催（ホイレーク／米国勝利）英国対米国のプロ対抗国際競技、ライダーカップ非公式戦開催（グレンイーグルス／英国勝利）
英 ジョック・ハチソン、米国人で初の全英オープン優勝（セントアンドリュース）
英 R&A、ボールの重さを41・92グラムと規定（1・62インチ、1・62オンス）

プロ（宮本留吉）

1927 米 ウォルター・ヘーゲン、全米プロ4連覇
日 第1回日本オープン（赤星六郎）、第1回関西アマ（室谷藤七）、第1回日本アマ東西対抗戦開催

昭和金融恐慌

1928 日 川奈ホテルゴルフ場開場（日本最初の女性キャディ採用）

大西洋無着陸飛行成功

1929 日 霞ケ関CC開場
英 R&A、スチールシャフトを許可
日 宮本留吉と安田幸吉、初のプロ海外遠征（ハワイアン・オープン）

ニューヨーク株大暴落世界恐慌

1930 米 ボビー・ジョーンズ、グランドスラム達成　正式競技から引退
日 JGAがウォルター・ヘーゲンとジョー・カークウッドを招聘、模範マッチ
日 ダンロップ、国産ボール製造
日 森田ゴルフ器具製作所、日本ゴルフ商会が姫路市で創業

1931 日 英国人C・H・アリソンが東京GC朝霞コース、廣野GC・川奈の富士コースを設計
日 JGA、米に宮本留吉、安田幸吉、浅見緑蔵を派遣

満州事変

ゴルフ倶楽部
競技
ルール・コース管理
用品・その他

1931 米ゴルフ場数　5691
米USGA、ボールのサイズを42・67ミリ以上、重量43・93グラム以下と規定（1・68インチ、1・56オンス）

1932 米ジーン・サラゼン、バンカー用サンドウェッジを製作、全英・全米オープン同年制覇
日宮本留吉、日本人初の全米・全英オープン出場

1933 日ミズノ、ゴルフクラブ製造開始

ヒトラー率いるナチス台頭

1934 米第1回マスターズ開催（優勝ホートン・スミス）
日ベーブ・ルースらプロ野球大リーグチーム来日、USPGAからの親書携行

1935 米ジーン・サラゼン、マスターズでアルバトロスを記録し優勝。グランドスラマーに
日関東学生ゴルフ連盟、関東ゴルフ連盟創立
日第1回全日本学生ゴルフ選手権開催
日ブリヂストン、国産ボール製造
日鍋島直泰、日本アマ3連覇

1936 米PGA、23試合の賞金総額10万ドルを超える

ゴルフ倶楽部
競技
ルール・コース管理
用品・その他

1943 米第二次世界大戦のためマスターズ中止（1946年より再開）

1945 米バイロン・ネルソンが11連勝、年間36試合中18勝の大記録達成、翌年引退

1946 米第1回全米女子オープン開催。（スポーケンGC／優勝パティ・バーグ）

1950 米ベン・ホーガン、自動車事故から復活、全米オープン優勝

1951 米USGAとR&A、ルールの統一に合意、翌年より実施

1952 米R&A、センターシャフトパター認可

1953 米ベン・ホーガン、マスターズ、全米オープン、全英オープン優勝（グランドスラム達成）
米初のテレビ放映（タモシャンター・ワールド選手権）翌年、全米OP初放映
加ジョン・ホプキンス、カナダカップ創始（モントリオール／アルゼンチン優勝）

1955 米シニア選手権創始。（優勝J・ウッド・プラッド）

1956 米USGA、パーの距離基準改定（3＝250Y以下、4＝251〜470Y、5＝471Y以上、※女子はパー6存続）

英 クラブ本数14本を協議

日 戦前最後の米国遠征、マスターズに戸田藤一郎と陳清水が初参加

二二六事件

1937 世 欧州ゴルフ連盟創立

日 JGA、ジーン・サラゼン招聘、模範競技開催

1938 米 USGA、クラブ14本制限に同意

米 サム・スニード、年間8勝、史上最高賞金額1万9400ドルで賞金王

日 戦時下、ボールが配給制に

日 佐藤儀一、日本アマ3連覇

1939 日 戸田藤一郎、4大公式戦（日本オープン、日本プロ、関西オープン、関西プロ）優勝

第二次世界大戦勃発

1940 英 第二次世界大戦のためメジャー競技中止

日 日本アマ中止

日 軍によるコースの強制買収相次ぐ

日 戦争直前のゴルフコース73

1941 英 ゴルフ場数 5209

米 第二次世界大戦前最後の全米オープン

日 戦前最後の日本オープン（延原徳春）

太平洋戦争始まる

1942 米 全米オープン、全米アマ中止（1946年より再開）

米 ベン・ホーガン3連続賞金王

米 USGA、ボール初速を76・2秒（250フィート）に制限

1957 日 霞ヶ関で開催された第5回カナダカップで中村寅吉、小野光一組が団体で優勝、個人も中村が優勝、第一次ゴルフブーム

1960 米 アーノルド・パーマー、マスターズ、全米オープン優勝

スコットランドから
イングランド
英国流から米国式へ
人も道具も変わっていった
この後の60年、
そしてこれから……

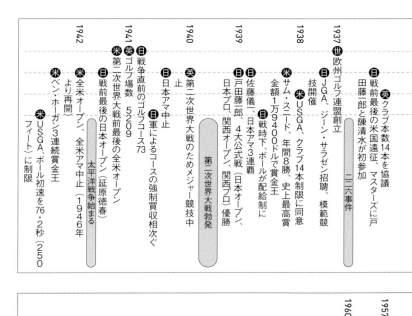

大塚和徳 *Kazunori Ohtsuka*
ゴルフ史研究家。
1934年、大分県生まれ。東京大学卒。
ペンシルベニア大学、
ウォートン・スクールでMBA取得。
88年よりニットー・オーバーシーズ
常務として英国でホテル経営と
コース建設に携わる。
現在、マネージメントコンサルタント。
元米誌ゴルフマガジンパネリスト、
Choice誌伝統企画『日本のベスト100コース』を監修。

Choice選書
ゴルフ時空間ツアー

2020年12月1日　初版発行

著者　大塚和徳
発行者　木村玄一
発行所　ゴルフダイジェスト社
〒105-8670東京都港区新橋6-18-5
TEL 03-3432-4411（代表）03-3431-3060（販売部）
e-mail gbook@golf-digest.co.jp

組　版　スタジオパトリ
印　刷　大日本印刷株式会社

ISBN978-4-7728-4189-4 C2075